BENOÎT MALBRANQUE (ÉD.)

FRÉDÉRIC BASTIAT
de A à Z

Ses meilleures citations classées par thèmes

Paris, 2016
Institut Coppet
www.institutcoppet.org

PRÉFACE

Théoricien de l'harmonie économique et adversaire de l'étatisme, du socialisme et des autres avatars de ce qu'il nommait la *spoliation légale*, Frédéric Bastiat (1801-1850) nous a laissé une œuvre riche, féconde et — compte tenu de sa mort à l'âge de 49 ans — étonnamment vaste. En rééditant les sept volumes de l'édition classique (Prosper Paillotet / Gilbert Guillaumin) de ses écrits, l'Institut Coppet voulait apporter une contribution utile à la redécouverte de cet économiste. La diffusion de son œuvre, dès lors plus accessible, se trouvait favorisée par la légèreté du style de Bastiat et par son sens célèbre de la formule. Malgré ces qualités indéniables, les quelques 3 700 pages des *Œuvres complètes* ne pouvaient naturellement pas se diffuser en dehors d'un cercle plus ou moins large de connaisseurs ou de passionnés.

En complément de cet effort exhaustif, nous avons donc tâché d'offrir un travail synthétique. Il aurait pu prendre la forme d'un énième commentaire sur la vie et l'œuvre de Bastiat, mais nous voulions l'offrir en vrai, fournir Bastiat *vivant*, si l'on nous passe l'expression. Pour conserver son sens inimitable de la formule, son talent littéraire, la justesse de ses aperçus, mais aussi la force de ses prophéties, il n'y avait nul meilleur moyen que de compiler, sur tous les sujets, l'expression qu'il a donnée de ses idées. On trouvera donc dans ce livre le concentré, l'essence de l'œuvre de cet économiste. Le lecteur sentira-t-il de lui-même, comme nous l'avons senti nous-même, la force et la grande actualité des idées de Bastiat, sur des sujets aussi sensibles que les dépenses publiques, les impôts, le libre-échange, le socialisme, le chômage ou la protection sociale ? C'est là ce que nous espérons. — Pour qu'il en sorte grandi, changé, comme on l'est au contact de tous les grands esprits.

Benoît Malbranque
Institut Coppet

NOTE SUR LES RÉFÉRENCES

Dans le but d'alléger le texte, les références des citations sont données sous forme condensée. Elles renvoient systématiquement à l'édition Guillaumin des *Œuvres complètes de Frédéric Bastiat* [1], qui peut être trouvée aisément sur internet, et dont les éditions de l'Institut Coppet ont fourni une réédition en 2015, en suivant scrupuleusement la même pagination.

Ainsi, la référence « VI, p.18 », signifie :

Œuvres complètes de Frédéric Bastiat, édition Guillaumin / réédition Institut Coppet, volume VI, p.18

---

[1] Sous la direction de Prosper Paillottet, première édition en 6 volumes en 1854-55 ; accompagnés d'un 7ème volume pour la deuxième édition, en 1862-64. Des rééditions ultérieures, avec une pagination identique, sont parues en 1870-73, 1878-79, 1881-84, 1907, et finalement 2015.

~ A ~

ANGLETERRE

— *Ce pays n'est pas un exemple de libéralisme* : « Il n'y a pas de pays au monde, sauf ceux qu'afflige encore l'esclavage, où la théorie de Smith, — la doctrine du laissez-faire, laissez-passer, — soit moins pratiquée qu'en Angleterre, et où l'homme soit devenu pour l'homme un objet d'exploitation plus systématique. » III, p.8-9

— *Co-existence de deux classes distinctes dans ce pays* : « Il y a deux Angleterres : l'une qui exploite et l'autre qui est exploitée : l'une qui dissipe et l'autre qui travaille ; l'une qui soutient les monopoles et les profusions gouvernementales, l'autre qui les combat ; l'une qui s'appelle *oligarchie,* l'autre qui s'appelle *peuple.* » II, p.203 — « Il faudra bien reconnaître, à cette lecture, qu'il y a en Angleterre deux classes, deux peuples, deux intérêts, deux principes, en un mot : aristocratie et démocratie. Si l'une veut l'inégalité, l'autre tend à l'égalité ; si l'une défend la restriction, l'autre réclame la liberté ; si l'une aspire à la conquête, au régime colonial, à la suprématie politique, à l'empire exclusif des mers, l'autre travaille à l'universel affranchissement ; c'est-à-dire à répudier la conquête, à briser les liens coloniaux, à substituer, dans les relations internationales, aux artificieuses combinaisons de la diplomatie, les libres et volontaires relations du commerce. » III, p.67

— *Les réformes y sont maintenant faites en suivant la justice* : « Tandis qu'il est de tradition, dans d'autres pays, qu'en matière d'impôts, de finances, de commerce, il n'y a pas de principes, qu'il faut se contenter de tâtonner, replâtrer et modifier au jour le jour, en vue de l'effet le plus prochain, il semble que, de l'autre côté du détroit, le parti réformateur admet comme incontestable cette donnée : *L'utilité générale se rencontre dans la justice.* Dès lors, tout se borne à examiner si une réforme est en harmonie avec la justice ; et ce point une fois admis par l'opinion publique, on y procède vigoureusement sans trop s'embarrasser des inconvénients inhérents à la transition, sachant fort bien qu'il y a, en définitive, plus de biens que de maux à attendre de substituer ce qui est juste à ce qui ne l'est pas. » II, p.211

— *La spoliation dans ce pays* : « Deux grands instruments de rapine que s'est législativement attribué l'aristocratie anglaise : la loi-céréale et le système colonial. » III, p.48

ANTIQUITÉ

— *Il y avait beaucoup d'organisateurs de peuple* : « L'Antiquité nous offre en effet partout, en Égypte, en Perse, en Grèce, à Rome, le spectacle de quelques hommes manipulant à leur gré l'humanité asservie par la force ou par l'imposture. » IV, p.375 — Cf. ROME ANTIQUE

ARMÉE

— *L'inutilité des grandes armées sous un système de libre-échange* : « Je voudrais bien qu'on me dit à quoi serviraient les grandes armées permanentes et les puissantes marines militaires si le commerce était libre. » IV, p.52 — « Que les peuples soient les uns aux autres des débouchés permanents ; que leurs relations ne puissent être rompues sans leur infliger la double souffrance de la privation et de l'encombrement, et ils n'auront plus besoin de ces puissantes marines qui les ruinent, de ces grandes armées qui les écrasent ; la paix du monde ne sera pas compromise par le caprice d'un Thiers ou d'un Palmerston, et la guerre disparaîtra faute d'aliments, de ressources, de motifs, de prétextes et de sympathie populaire. » IV, p.98 — « Qu'on dise que je suis un rêveur, un enthousiaste, peu m'importe, je soutiens qu'avec le libre-échange et l'entrelacement des intérêts qui en est la suite, nous n'avons plus besoin, pour maintenir notre indépendance, de transformer cinq cent mille laboureurs en cinq cent mille soldats. Quand les Anglais pourront aller, comme nous, à la Martinique et à Bourbon, quand nous pourrons aller, aussi bien qu'eux, à la Jamaïque et dans l'Inde, quel intérêt aurions-nous à nous arracher des colonies et des débouchés ouverts à tout le monde ? » II, p.270 — Cf. LIBRE-ÉCHANGE

— *La nécessité des désarmements* : « Tâchez de porter un coup vigoureux à ce monstre de la guerre, ogre presque aussi dévorant quand il fait sa digestion, que lorsqu'il fait ses repas ; car, vraiment, je crois que les armements font presque autant de mal aux nations que la guerre elle-même. De plus, ils empêchent le bien. Pour moi, j'en reviens toujours à ceci qui me paraît clair comme le jour : tant que le désarmement ne permettra pas à la France de remanier ses finances, réformer ses impôts et satisfaire les justes espérances des travailleurs, ce sera toujours une nation convulsive... et Dieu sait les conséquences. » I, p.187 — Cf. GUERRE

— *Volonté de supprimer des effectifs* : « Et joignant l'acte aux paroles, j'aurais licencié la moitié de l'armée et les trois quarts des marins. Mais je ne suis pas ministre. » I, p.152

— *Les grandes armées amènent des problèmes* : « Depuis 1815, par exemple, nous entretenons des armées nombreuses, des armées énormes ; et je puis dire que ce sont précisément ces grandes forces militaires qui nous ont entraînés malgré nous dans des affaires, dans des guerres dont nous ne nous serions pas mêlés assurément, si nous n'avions pas eu ces grandes forces derrière nous. Nous n'aurions pas eu la guerre d'Espagne, en 1823 ; nous n'aurions pas eu, l'année dernière, l'expédition de Rome ; nous aurions laissé le pape et les Romains s'arranger entre eux, si notre appareil militaire eût été restreint à des proportions plus modestes. » V, p.488

— *Notre attitude menaçante arme les autres nations* : « Notre attitude menaçante est, pour les gouvernements étrangers, une raison ou un prétexte toujours debout pour extraire du sein du peuple de l'argent et des soldats. » V, p.454

— *Dangerosité de la « diplomatie armée »* : « À quelque point de vue qu'on le considère, un tel système est injuste, faux et ruineux. Je me désole quand je songe que quelques simples notions d'économie politique suffiraient pour le dépopulariser en France. Mais comment y parvenir, quand l'immense majorité croit que les intérêts des peuples, et même les intérêts en général, sont radicalement et naturellement antagoniques ? Il faut attendre que ce préjugé disparaisse, et ce sera long. » I, p.175 — Cf. HARMONIE

ASSEMBLÉE

— *Elle pèche par ignorance plutôt que par malveillance* : « Je persiste à croire et à dire que la Chambre, ou si l'on veut la bourgeoisie, ne trompe pas le peuple ; elle se trompe elle-même. La Chambre ne sait pas l'économie politique, voilà tout. » II, p.291-292

— *Bastiat trop faible pour parler à la tribune* : « De tout temps j'ai eu une pensée politique simple, vraie, intelligible pour tous et pourtant méconnue. Que me manquait-il ? Un théâtre où je pusse l'exposer. La révolution de février est venue. Elle me donne un auditoire de neuf cents personnes, l'élite de la nation déléguée par le suffrage universel, ayant autorité pour la réalisation de mes vues — Ces neuf cents personnes sont animées des meilleures intentions. L'avenir les effraye. Elles attendent, elles cherchent une idée de salut. Elles font silence dans l'espoir qu'une voix va s'élever ; elles sont prêtes à s'y rallier. Je suis là ; c'est mon droit et mon devoir de parler. J'ai la conscience que mes paroles seront accueillies par l'Assemblée et retentiront dans les masses. Je sens l'idée fermenter dans ma tête et dans mon cœur et je suis forcé de me taire. Connaissez-vous une torture plus grande ? Je suis forcé de me taire, parce que c'est dans ce moment même qu'il a plu à Dieu de m'ôter toute force ; et quand d'immenses révolutions se sont accomplies pour m'élever une tribune, je ne puis y monter. Je me sens hors d'état non seulement de parler, mais même d'écrire. Quelle amère déception ! quelle cruelle ironie ! » VII, p.430-431

— *Activités de Bastiat à la chambre, là où il ne pouvait pas parler à la tribune* : « Vers cette époque, j'ai été atteint d'une maladie de poitrine qui, se combinant avec l'immensité de l'enceinte de nos délibérations, m'a interdit la tribune. Je ne suis pas pour cela resté oisif. La vraie cause des maux et des dangers de la société résidait, selon moi, dans un certain nombre d'idées erronées, pour lesquelles ces classes qui ont pour elle le nombre et la force s'étaient malheureusement enthousiasmées. Il n'est pas une de ces erreurs que je n'aie combattues. » VII, p.259 — « J'ai fait mon devoir. Je n'ai qu'une chose à me reprocher, c'est de n'avoir pas assez travaillé, encore j'ai pour excuse ma santé fort délabrée, et l'impossibilité de lutter avec mes faibles poumons contre les orages parlementaires. Ne pouvant parler, j'ai pris le parti d'écrire. Il n'est pas une question brûlante qui n'ait donné lieu à une brochure de moi. Il est vrai que j'y traitais moins la question pratique que celle de principe ; en cela j'obéissais à la nature de mon esprit qui est de remonter à la source des erreurs, chacun se rend utile à sa manière. Au milieu des passions déchaînées, je ne pouvais exercer d'action sur les effets, j'ai signalé les causes ; suis-je resté inactif ? À la doctrine de L. Blanc, j'ai opposé mon écrit *Individualisme et Fraternité*. — La propriété est attaquée, je fais la brochure *Propriété et Loi*. — On se rejette sur la rente des terres, je fais les cinq articles des *Débats* : *Propriété et Spoliation*. — La source *pratique* du communisme se montre, je fais la brochure *Protectionnisme et Communisme*. — Proudhon et ses adhérents prêchent la *gratuité du crédit*, doctrine qui gagne comme un incendie, je fais la brochure *Capital et Rente*. — Il est clair qu'on va chercher l'équilibre par de nouveaux impôts, je fais la brochure *Paix et Liberté*. — Nous sommes en présence d'une loi qui favorise les coalitions parlementaires, je fais la brochure des *Incompatibilités*. On nous menace du papier-monnaie, je fais la brochure *Maudit argent*. — Toutes ces brochures distribuées gratuitement, en grand nombre, m'ont beaucoup coûté ; sous ce rapport, les électeurs n'ont rien à me reprocher. » I, p.97 — Cf. BASTIAT, FRÉDÉRIC

— *Les votes de Bastiat à l'Assemblée* : « J'ai dû voter quelquefois avec la gauche, quelquefois avec la droite ; avec la gauche quand elle défendait la liberté et la république, avec la droite quand elle défendait l'ordre et la sécurité. Et si l'on me reproche cette prétendue double alliance, je répondrai : je n'ai fait alliance avec personne, je ne me suis affilié à aucune coterie. J'ai voté, dans chaque question, selon l'inspiration de ma conscience. » VII, p.260 — « On a rapproché mes votes de ceux de l'*extrême gauche*. Pourquoi n'a-t-on pas signalé aussi les occasions où j'ai voté avec la *droite* ? » I, p.508 — « Ce qu'on me reproche, c'est précisément ce dont je m'honore. Oui, j'ai voté avec la droite contre la gauche, quand il s'est agi de résister au débordement des fausses idées populaires. Oui, j'ai voté avec la gauche contre la droite, quand les légitimes griefs de la classe pauvre et souffrante ont été méconnus. » I, p.510 — Cf. POLITIQUE

ASSOCIATION

— *Difficulté de s'associer* : « J'ai vu trois hommes s'unir dans la même entreprise, sincèrement persuadés qu'un même principe les animait ; je les ai vus en désaccord après une heure d'explication. » II, p.151

~ B ~

BALANCE DU COMMERCE

— *Ce sophisme n'est pas mort* : « Prenez-y garde, la balance du commerce n'est ni si vieille, ni si malade, ni si morte que veut bien le dire. » IV, p.54

BANQUE

— *Liberté des banques* : « Je voudrais qu'on pût librement ouvrir partout des boutiques d'argent, des bureaux de prêt et d'emprunt, comme on ouvre boutique de souliers ou de comestibles. » V, p.233 — « La vraie solution : la liberté des Banques. » V, p.282 — « En cette matière, comme en toutes, la véritable solution est donc la liberté. La liberté fera surgir des banques partout où il y a un centre d'activité, et associera ces banques entre elles ; elle mettra à porté de chaque marchand, de chaque artisan, ces deux grands leviers du progrès, l'épargne et le crédit. Elle restreindra l'intérêt au taux le plus bas où il puisse descendre. Elle répandra les habitudes les plus favorables à la formation des capitaux. Elle fera disparaître toute ligne de démarcation entre les classes et réalisera la *mutualité des services,* sans anéantir ce *prix du temps,* qui est un des éléments légitimes et nécessaires des transactions humaines. » V, p.288

BASTIAT, FRÉDÉRIC

— *Le rôle de Bastiat fut d'être un vulgarisateur des vérités économiques* : (selon son ami Prosper Paillottet) « Or la mission que Bastiat s'était donnée, ou plutôt que les événements lui imposèrent, était au-dessus des forces humaines. Bastiat, par le malheur d'une organisation trop riche, était à la fois homme de théories avancées, génie créateur — et homme d'action extérieure, esprit éminemment vulgarisateur et propagandiste. Il eût fallu opter entre les deux rôles. On peut être à la rigueur Ad. Smith et R. Cobden tour à tour ; mais à la fois et en même temps, non. Ad. Smith n'a pas essayé de jeter aux masses les vérités nouvelles qu'il creusait lentement dans sa retraite, et R. Cobden n'a fait passer dans l'opinion publique et les faits que des axiomes anciens et acceptés de longue date par la science. Bastiat, lui, a jeté dans le tumulte des discussions publiques les lambeaux de sa doctrine propre, et c'est au milieu de l'action qu'il a eu l'air d'improviser un système. Défricher les terrains vierges de la science pure, porter en même temps la hache au milieu de la forêt des préjugés gouvernementaux, et labourer en pleine révolution l'opinion publique, le sol le plus ingrat, le plus tourmenté, le plus impropre à une moisson prochaine, c'était faire triplement le métier de pionnier ; — et l'on sait que ce métier-là est mortel. » I, p.xxxiii-xxxiv.

— *Peu d'intérêt de sa biographie* : « Ma vie n'offre aucun intérêt au public, si ce n'est la circonstance qui m'a tiré de Mugron. Si j'avais su qu'on s'occupait de cette notice, j'aurais raconté ce fait curieux. » I, p.105

— *Témoignage sur ses débuts* : (selon Gustave de Molinari) « Il n'avait pas eu encore le temps de prendre un tailleur et un chapelier parisiens. Avec ses cheveux longs et son petit chapeau, son ample redingote et son parapluie de famille, on l'aurait pris volontiers pour un bon paysan en train de visiter les merveilles de la capitale. Mais la physionomie de ce campagnard était malicieuse et spirituelle, son grand œil noir était lumineux, et son front taillé carrément portait l'empreinte de la pensée. » I, p.xix

— *Son activité littéraire* : (selon P. Paillottet) « Voyait-il le matin poindre un sophisme protectionniste dans un journal un peu accrédité, aussitôt il prenait la plume, démolissait le sophisme avant même d'avoir songé à déjeuner, et notre langue comptait un petit chef-d'œuvre de plus. » I, p.xx

— *Pourquoi il utilisait l'ironie* : « Il m'est quelquefois arrivé de combattre le Privilège par la plaisanterie. C'était, ce me semble, bien excusable. Quand quelques-uns veulent vivre aux dépens de tous, il est bien permis d'infliger la piqûre du ridicule au petit nombre qui exploite et à la masse exploitée. » II, p.466

— *Son accent (Bastiat venait de Bayonne)* : « Mon accent est toujours détestable et probablement ne changera jamais. » I, p.7

— *Son élocution difficile* : « Par la parole, je n'irai jamais bien loin, parce que je manque de confiance, de mémoire et de présence d'esprit ; mais ma plume a assez de dialectique pour faire honte à certains de nos hommes d'État. », I, p.58

— *Il n'est pas fait pour la politique* : « Mais comme vous, je pense que l'œuvre que j'ai à faire est en dehors de l'enceinte législative. » I, p.138 — « Je ne suis pas né à une époque où ma place soit sur la scène de la politique active. » I, p.175 — Cf. ASSEMBLÉE

BLANC, LOUIS

— *Son socialisme trouve en Bastiat un grand adversaire* : « Tu sais que les doctrines de L. Blanc n'ont pas, peut-être dans toute la France, un adversaire plus décidé que moi. » I, p.85

BRIGHT, JOHN (MEMBRE DE LA LIGUE ANGLAISE)

— *Appréciation par Bastiat* : « M. Bright est certainement un des membres de la Ligue les plus zélés, les plus infatigables et en même temps les plus éloquents. La verve et la chaleur de Fox, le profond bon sens et le génie pratique de Cobden semblent tour à tour tributaires du genre d'éloquence de M. Bright. » III, p.417 — Cf. LIGUE ANGLAISE POUR LE LIBRE-ÉCHANGE

~ C ~

CAPITAL

— *C'est une notion centrale en économie politique* : « Le capital, sujet immense et qui peut bien être le pivot d'une économie politique. » I, p.204

— *La critique que l'on en fait* : « Dans ces derniers temps, de grands efforts ont été faits pour soulever les répugnances populaires contre le capital, l'infâme, l'infernal capital ; on le représente aux masses comme un monstre dévorant et insatiable, plus destructeur que le choléra, plus effrayant que l'émeute, exerçant sur le corps social l'action d'un vampire dont la puissance de succion se multiplierait indéfiniment par elle-même. » VI, p.243

— *Confusion du capital et du numéraire* : « Comme la plupart des prêts exigent pour la commodité, cette double conversion préalable du capital en numéraire et du numéraire en capital, on a fini par confondre le capital avec le numéraire. C'est une des plus funestes erreurs en économie politique. L'argent n'est qu'un moyen de faire passer les choses, les *réalités*, d'une main à l'autre. Aussi, souvent de simples billets, de simples revirements de comptes suffisent. Combien donc ne se fait-on pas illusion, quand on croit augmenter les matériaux, les instruments et les provisions du pays en augmentant l'argent et les billets ! » VII, p.252 — cf. MONNAIE

— *Il n'est pas le fruit d'un vol* : « Il n'y a qu'une funeste ignorance de l'économie politique qui ait pu suggérer cette pensée : que vivre sur du travail accumulé, c'est vivre sur le travail d'autrui. » II, p.349

— *Il est ridicule d'opposer capital et travail* : « On représente souvent le Capital comme un monstre dévorant, comme l'ennemi du Travail. On est parvenu ainsi à jeter une sorte d'antagonisme irrationnel entre deux puissances qui, au fond, sont de même origine, de même nature, concourent, s'entraident, et ne peuvent se passer l'une de l'autre. Quand je vois le Travail s'irriter contre le Capital, il me semble voir l'Inanition repousser les aliments. » IV, p.421

— *Le sort de l'ouvrier dépend du capital* : « Pour que le travail soit demandé et bien payé, il faut qu'il y ait dans le pays beaucoup de matériaux, d'instruments et de provisions, autrement dit, beaucoup de Capital. » IV, p.422 — « Pour moi, je persiste à penser que le sort des ouvriers dépend de la rapidité avec laquelle le capital se forme. Tout ce qui, directement ou indirectement, porte atteinte à la propriété, ébranle la confiance, nuit à la sécurité, est un obstacle à la formation du capital et retombe sur la classe ouvrière. Il en est de même de toutes taxes, entraves et vexations gouvernementales. » VII, p.386 — « Quelle est la puissance qui allégera pour tous, dans une certaine mesure, le fardeau de la peine ? Qui abrégera les heures de travail ? Qui desserrera les liens de ce joug pesant qui courbe aujourd'hui vers la matière, non seulement les hommes, mais les femmes et les enfants qui n'y semblaient pas destinés ? — C'est le capital ; le capital qui, sous la forme de roue, d'engrenage, de rail, de chute d'eau, de poids, de voile, de rame, de charrue, prend à sa charge une si grande partie de l'œuvre primitivement accomplie aux dépens de nos nerfs et de nos muscles ; le capital qui fait concourir, de plus en plus, au profit de tous, les forces gratuites de la nature. Le capital est donc l'ami, le bienfaiteur de tous les hommes, et particulièrement des classes souffrantes. Ce qu'elles doivent désirer, c'est qu'il s'accumule, se multiplie, se répande sans compte ni mesure. » V, p.145 — Cf. SALAIRE

— *Les travailleurs ne doivent pas être tristes de payer un intérêt* : « Les travailleurs seront peut-être étonnés de m'entendre affirmer ceci : De tous les éléments qui entrent dans le prix des choses, celui qu'ils doivent payer avec le plus de joie, c'est précisément l'intérêt ou la rémunération du capital, parce que ce paiement leur en épargne toujours un plus grand. » V, p.164

— *L'intérêt de tous est de le favoriser* : « L'intérêt dominant de tous les hommes (bien entendu au point de vue économique), c'est de favoriser la rapide formation du Capital. » VI, p.247

CENSEUR EUROPÉEN

— *Importance de cette publication pour le jeune Bastiat* : « Dans mon extrême jeunesse, Monsieur, un heureux hasard mit dans mes mains le *Censeur européen* ; et je dois à cette circonstance la direction de mes études et de mon esprit. » VI, p.372

CLASSES SOCIALES

— *Bastiat ne croit pas à leur antagonisme présumé* : « Moi qui ne crois pas à l'antagonisme réel des nations, comment croirais-je à l'antagonisme fatal des classes ? » II, p.287-288

— *Elles n'existent même pas* : « Des classes ! le mot même devrait être banni de notre langue politique. Il n'y a pas de classes en France ; il n'y a qu'un peuple, et des citoyens se partageant les occupations pour rendre plus fructueuse l'œuvre commune. Et par cela même que les occupations sont partagées, que l'échange est intervenu, les intérêts sont liés par une telle solidarité qu'il est impossible de blesser les uns sans que les autres en souffrent. » II, p.288 — « Ne voyons donc pas deux nations dans la nation ; il n'y en a qu'une. Des degrés infinis dans l'échelle des fortunes, toutes dues au même principe, ne suffisent pas pour constituer des classes différentes, encore moins des classes hostiles. » II, p.352

— *Le mot bourgeoisie est un mot vide de sens* : « J'ai aussi demandé à ce mot bourgeoisie ce qu'il portait en lui, ce qu'il voulait dire, quelle était sa signification ; et je l'ai trouvé vide. » II, p.290

— *Elles n'existeraient pas dans une société libre et un marché libre* : « Mais sous un régime où la carrière du travail serait loyalement ouverte à tous, où la propriété et la liberté, ces deux principes proclamés par l'*Atelier,* seraient respectées, nous voyons des hommes de fortunes diverses, comme de taille et de santé différentes ; nous ne voyons pas de *classes* riche et pauvre. » II, p.128

COBDEN ET LA LIGUE (LIVRE)

— *Qualité de la traduction que Bastiat fait de Cobden* : « En essayant d'indiquer quelques-uns des enseignements que l'on peut retirer de la lecture de ce livre, je n'ai pas besoin de dire que j'en attribue exclusivement le mérite aux orateurs dont je traduis les discours, car, quant à la traduction, je suis le premier à en reconnaître l'extrême faiblesse. » III, p.78

— *Ce livre sera une révélation* : « Le livre que je publie, s'il obtenait d'être lu, serait pour mon pays une sorte de révélation. » III, p.1

— *Son peu de succès* : « Je m'estimerais heureux que la presse anglaise accueillît avec faveur un travail que je crois utile. Cela me dédommagerait de l'indifférence avec laquelle il a été reçu en France. Tous ceux à qui je l'ai donné ne cessent de manifester leur surprise à l'égard des faits graves qui y sont révélés ; mais personne ne l'achète, et cela n'est pas surprenant, puisqu'on ne sait pas de quoi il traite. » VII, p.375

COBDEN, RICHARD

— *Cobden a un mérite : il a diffusé les idées libérales* : « Cobden est à Smith ce que la propagation est à l'invention. » III, p.2

— *Il est un libéral complet* : « Il y a quelques mois, M. Cobden paraissait rassasié par la reconnaissance publique. Et aujourd'hui le voilà affrontant une impopularité passagère, parce qu'il réclame, avec le libre-échange, toutes les conséquences du libre-échange, c'est-à-dire un changement complet dans la politique de son pays, et le bienfait du désarmement, suivi de l'allégement des taxes publiques. » II, p.323

— *C'est Cobden qui a fait gagner le libre-échange en Angleterre* : « Que dirai-je du Libre Échange, dont le triomphe est dû à Cobden, non à Robert Peel ; car l'apôtre aurait toujours fait surgir un homme d'État, tandis que l'homme d'État ne pouvait se passer de l'apôtre ? » VI, p.468

— *Ses mérites sur la question de la paix* : « Cobden a entrepris une autre tâche (et elle réussira, parce que la vérité bien servie triomphe toujours) qui n'exercera pas moins d'influence sur la fixité du sort des travailleurs. Je veux parler de l'abolition de la guerre, ou plutôt (ce qui revient au même) de l'infusion de l'esprit de paix dans l'opinion qui décide de la paix et de la guerre. » VI, p.469

— *Il est inconnu en France* : « Qu'est-ce que Cobden ? Qui a entendu parler en France de Cobden ? » III, p.2

— *Son éloge par Bastiat* : « On ne sait ce qu'il faut le plus admirer dans cet homme éminent, à la fois économiste, tribun, homme d'État, tacticien, théoricien, et auquel je crois qu'on peut faire une juste application de ce qu'on a dit de Destutt de Tracy : "À force de bon sens, il atteint au génie." » III, p.38

COLONIES

— *Le système colonial est une illusion funeste* : « Il m'est démontré, et j'ose dire scientifiquement démontré, que le système colonial est la plus funeste des illusions qui ait jamais égaré les peuples. » I, p.475

COMMERCE INTERNATIONAL

— *La différence des coûts de production dans l'échange international* : « — Si l'on vous dit : Les terres de Crimée n'ont pas de valeur et ne paient pas de taxes. Répondez : Le profit est pour nous qui achetons du blé exempt de ces charges. — Si l'on vous dit : Les serfs de Pologne travaillent sans salaire. Répondez : Le malheur est pour eux et le profit pour nous, puisque leur travail est déduit du prix du blé que leurs maîtres nous vendent. » IV, p.254

COMMUNISME

— *Bastiat pense que ce genre de plan social ne sera jamais appliqué* : « Les rêveries sociales, qui, de nos jours, ont une circulation très active, ne sont pas dangereuses, en ce sens qu'il n'y a pas à craindre qu'elles s'emparent jamais de la pratique des affaires. » II, p.294

— *C'est avant tout une guerre sociale* : « Le *communisme*, il ne faut pas se le dissimuler, c'est la guerre de ceux qui ne possèdent pas, ou le grand nombre, contre ceux qui possèdent ou le petit nombre. » II, p.122

— *Les propriétaires fonciers, accusés de l'avoir favorisé* : « Oui, je le dis hautement, ce sont les propriétaires fonciers, ceux que l'on considère comme les propriétaires par excellence, qui ont ébranlé le principe de la propriété, puisqu'ils en ont appelé *à la loi* pour donner à leurs terres et à leurs produits une valeur factice. Ce sont les capitalistes qui ont suggéré l'idée du nivellement des fortunes *par la loi*. Le *protectionnisme* a été l'avant-coureur du *communisme* ; je dis plus, il a été sa première manifestation. » IV, p.295 — Cf. PROTECTIONNISME

— *Sa critique par Bastiat* : « Mais je n'ai pas ici à réfuter le communisme. Tout ce que je veux faire remarquer, c'est qu'il est justement l'opposé, en tous points, du système que j'ai cherché à établir. Nous reconnaissons à l'homme le droit de se servir lui-même, ou de servir les autres à des conditions librement débattues. Le communisme nie ce droit, puisqu'il centralise tous les services dans les mains d'une autorité arbitraire. Notre doctrine est fondée sur la Propriété. Le Communisme est fondé sur la spoliation systématique, puisqu'il consiste à livrer à l'un, sans compensation, le travail de l'autre. En effet, s'il distribuait à chacun selon son travail, il reconnaîtrait la propriété, il ne serait plus le Communisme. Notre doctrine est fondée sur la liberté. À vrai dire, propriété et liberté, c'est à nos yeux une seule et même chose ; car ce qui fait qu'on est propriétaire de son service, c'est le droit et la faculté d'en disposer. Le communisme anéantit la liberté, puisqu'il ne laisse à personne la libre disposition de son travail. Notre doctrine est fondée sur la justice ; le Communisme, sur l'injustice. Cela résulte de ce qui précède. » VI, p.293-294

— *Comment s'y opposer* : « Contre le *communisme,* il n'y a que deux préservatifs. L'un, c'est la diffusion au sein des masses des connaissances économiques ; l'autre, c'est la parfaite équité des lois émanées de la bourgeoisie. » II, p.123

COMTE, CHARLES

— *Sur le* Traité de législation *de Charles Comte* : « Ce que je puis dire, c'est ceci : Je ne connais aucun livre qui fasse plus penser, qui jette sur l'homme et la société des aperçus plus neufs et plus féconds, qui produise au même degré le sentiment de l'évidence. » I, p.439

CONCURRENCE

— *Le mot concurrence a provoqué beaucoup de critiques* : « L'économie politique n'a pas, dans tout son vocabulaire, un mot qui ait autant excité la fureur des réformateurs modernes que le mot *Concurrence,* auquel, pour le rendre plus odieux, ils ne manquent jamais d'accoler l'épithète : *anarchique.* » VI, p.349

— *Ce que concurrence veut dire* : « Concurrence, ce n'est qu'absence d'oppression. En ce qui m'intéresse, je veux choisir pour moi-même et ne veux pas qu'un autre choisisse pour moi, malgré moi ; voilà tout. » VI, p.350 — « La Concurrence, c'est la liberté. Détruire la liberté d'agir, c'est détruire la possibilité et par suite la faculté de choisir, de juger, de comparer ; c'est tuer l'intelligence, c'est tuer la pensée, c'est tuer l'homme. » VI, p.350

— *Ses effets* : « La concurrence a pour effet de provoquer, révéler et universaliser les bonnes méthodes, et de faire sombrer les mauvaises. » IV, p.491

— *Elle force chacun à être le meilleur possible* : « Sous un régime libre, chacun est non seulement porté mais contraint à tirer le meilleur parti de ses peines, de ses facultés, de ses capitaux et des avantages naturels qui sont à sa disposition. Il y est contraint par la concurrence. » II, p.412

— *Elle produit l'antagonisme mais aussi l'harmonie entre les hommes* : « Des esprits superficiels ont accusé la Concurrence d'introduire l'*antagonisme* parmi les hommes. Cela est vrai et inévitable tant qu'on ne les considère que dans leur qualité de producteurs ; mais placez-vous au point de vue de la consommation, et vous verrez la Concurrence elle-même rattacher les individus, les familles, les classes, les nations et les races, par les liens de l'universelle fraternité. » VII, p.381

— *Elle produit l'égalité croissante* : « Loin que la Concurrence, comme on l'en accuse, agisse dans le sens de l'inégalité, on peut affirmer que toute inégalité *factice* est imputable à son absence ; et si l'abîme est plus profond entre le grand lama et un paria qu'entre le président et un artisan des États-Unis, cela tient à ce que la Concurrence (ou la liberté), comprimée en Asie, ne l'est pas en Amérique. » VI, p.352

CONSOMMATEUR

— *Il faut étudier toutes les questions économiques de son point de vue* : « Le mot *consommateur,* le mot qui résout tous les problèmes. » II, p.89 — « La *clientèle* ! j'appelle votre attention sur ce mot ; il est un peu vulgaire ; mais vous trouverez en lui la solution de bien des problèmes, les idées d'union, de concorde et de paix. » II, p.289 « Toutes les grandes questions doivent être étudiées au point de vue du consommateur, si l'on veut en saisir les conséquences générales et permanentes. » VI, p.413 — (selon P. Paillottet) « Voici une recommandation… sur laquelle il a beaucoup insisté. "Il faut traiter l'économie politique au point de vue du *consommateur.* Tous les phénomènes économiques, que leurs effets soient bons ou qu'ils soient mauvais, se résolvent, à la fin de leur évolution, par des avantages ou des préjudices pour les consommateurs. Ces mêmes effets ne font que glisser sur les producteurs, dont ils ne peuvent affecter les intérêts d'une manière durable." » I, p.xlv

— « Avez-vous deux lois, deux systèmes à comparer, si vous consultez l'intérêt du producteur, vous pouvez faire fausse route ; si vous consultez l'intérêt du consommateur, vous ne le pouvez pas. » II, p.415

— *C'est sur lui que les effets d'une loi se font finalement sentir* : « Il résulte que le consommateur recueille à la longue tous les avantages d'une bonne législation comme tous les inconvénients d'une mauvaise ; ce qui ne veut pas dire autre chose, si ce n'est que les bonnes lois se traduisent en accroissement, et les mauvaises en diminution de jouissances pour le public. Voilà pourquoi le consommateur, qui est le public, doit avoir l'œil alerte et l'esprit avisé ; et voilà aussi pourquoi je m'adresse à lui. » II, p.414

— *Son intérêt est le même que l'intérêt général* : « Si nous venons maintenant à considérer l'intérêt immédiat du consommateur, nous trouverons qu'il est en parfaite harmonie avec l'intérêt général, avec ce que réclame le bien-être de l'humanité. Quand l'acheteur se présente sur le marché, il désire le trouver abondamment pourvu. Que les saisons soient propices à toutes les récoltes ; que des inventions de plus en plus merveilleuses mettent à sa portée un plus grand nombre de produits et de satisfactions ; que le temps et le travail soient épargnés ; que les distances s'effacent ; que l'esprit de paix et de justice permette de diminuer le poids des taxes ; que les barrières de toute nature tombent ; en tout cela, l'intérêt immédiat du consommateur suit parallèlement la même ligne que l'intérêt public bien entendu. » IV, p.11

— *Dans l'assemblée, c'est son intérêt qu'il faut écouter* : « De même, une Chambre, où chacun consulterait exclusivement son intérêt immédiat de consommateur, aboutirait à systématiser la liberté, la suppression de toutes les mesures restrictives, le renversement de toutes les barrières artificielles, en un mot, à réaliser la théorie de l'abondance. » IV, p.12

— *Pour prospérer, il faut laisser prospérer sa clientèle* : « C'est une leçon bien longue à apprendre que celle-ci : Voulez-vous prospérer ? laissez prospérer votre clientèle. Mais quand elle sera sue, chacun cherchera son bien dans le bien général. Alors, les jalousies d'individu à individu, de ville à ville, de province à province, de nation à nation, ne troubleront plus le monde. » IV, p.173

— *La demande détermine tout* : « La *demande* (qui implique les moyens de rémunération) détermine tout : la direction du capital et du travail, la distribution de la population, la moralité des professions, etc. » VI, p.413

CONSTRUCTIVISME

— *Cette idée que l'humanité est une matière inerte prête pour les expérimentations* : « Il suffit d'ouvrir, à peu près au hasard, un livre de philosophie, de politique ou d'histoire pour voir combien est fortement enracinée dans notre pays cette idée, fille des études classiques et mère du Socialisme, que l'humanité est une matière inerte recevant du pouvoir la vie, l'organisation, la moralité et la richesse ; — ou bien, ce qui est encore pis, que d'elle-même l'humanité tend vers sa dégradation et n'est arrêtée sur cette pente que par la main mystérieuse du Législateur. » IV, p.365-366

— *Cette vile matière qu'on organise, pourtant, c'est l'humanité* : « Mais, ô sublimes écrivains, veuillez donc vous souvenir quelquefois que cette argile, ce sable, ce fumier, dont vous disposez si arbitrairement, ce sont des Hommes, vos égaux, des êtres intelligents et libres comme vous, qui ont reçu de Dieu, comme vous, la faculté de voir, de prévoir, de penser et de juger pour eux-mêmes ! » IV, p.373

— *Le problème, ce n'est pas d'inventer des organisations de la société, c'est de les imposer via la loi et l'État* : « Remarquez que ce que je leur conteste, ce n'est pas le droit d'inventer des combinaisons sociales, de les propager, de les conseiller, de les expérimenter sur eux-mêmes, à leurs frais et risques ; mais bien le droit de nous les imposer par l'intermédiaire de la Loi, c'est-à-dire des forces et des contributions publiques. Je demande que les Cabétistes, les Fouriéristes, les Proudhoniens, les Universitaires, les Protectionnistes renoncent non à leurs idées spéciales, mais à cette idée qui leur est commune, de nous assujettir de force à leurs groupes et séries, à leurs ateliers sociaux, à leur banque gratuite, à leur moralité gréco-romaine, à leurs entraves commerciales. Ce que je leur demande, c'est de nous laisser la faculté de juger leurs plans et de ne pas nous y associer, directement ou indirectement, si nous trouvons qu'ils froissent nos intérêts, ou s'ils répugnent à notre conscience. » IV, p.385

— *Peu de confiance de Bastiat dans les arrangements artificiels de la société* : « J'ai peu de foi, je l'avoue, dans ces arrangements sociaux, dans ces organisations artificielles que chaque matin voit éclore et que chaque soir voit mourir. Il n'est pas probable qu'à un signal donné l'humanité se laisse jeter dans un moule, quelque séduisante qu'en soit la forme, quel que soit le génie de l'inventeur. » II, p.275 — Cf. COMMUNISME

— *Ne prétendons pas changer l'humanité* : « N'ayons donc pas la prétention de tout bouleverser, de tout régenter, de tout soustraire, hommes et choses, aux lois de leur propre nature.

Laissons le monde tel que Dieu l'a fait. Ne nous figurons pas, nous, pauvres écrivassiers, que nous soyons autre chose que des observateurs plus ou moins exacts. Ne nous donnons pas le ridicule de prétendre changer l'humanité, comme si nous étions en dehors d'elle, de ses erreurs, de ses faiblesses. Laissons les producteurs et les consommateurs avoir des intérêts, les discuter, les débattre, les régler par de loyales et paisibles conventions. » VI, p.404

CRÉDIT AGRICOLE

— *L'agriculture manque de capital* : « Ce qui a manqué, ce qui manque encore, c'est le capital. » II, p.31 — « Tous les agronomes sont d'accord sur ce point, que ce qui manque à notre agriculture, ce sont les capitaux. » II, p.30

— *Le protectionnisme, grand adversaire du crédit à l'agriculture* : « Eh bien ! oui, il y a une cause qui explique comment certaines entreprises ont aspiré le capital agricole. Cette cause, je l'ai déjà dit, c'est l'imitation mal entendue du régime économique de l'Angleterre, c'est l'ambition, favorisée par la loi, de devenir, avant le temps, un peuple éminemment manufacturier, en un mot, c'est *le système protecteur.* » II, p.33

— *Il est inutile de l'établir par la loi* : « Proclamer l'*insuffisance du crédit agricole,* c'est avouer que les capitalistes ne recherchent pas cet emploi de leurs fonds ; et comme, en matière de placements, leur sagacité n'est pas douteuse, c'est de plus avouer que le prêt ne rencontre pas dans l'agriculture les avantages qu'il trouve ailleurs. Donc, de l'insuffisance du crédit agricole, ce à quoi il faut conclure ce n'est pas l'*absence d'institutions propres à le favoriser,* mais bien *la présence d'institutions propres à le contrarier.* [...] Mais que l'on y regarde de près ; on trouvera peut-être qu'il y a, en fait de crédit agricole, plus d'obstacles artificiels à détruire que d'institutions gouvernementales à fonder. » VII, p.22 — « Déplacer les capitaux, les détourner d'une voie pour les attirer dans une autre, les pousser alternativement du champ à l'usine et de l'usine au champ, voilà ce que la loi peut faire ; mais il n'est pas en sa puissance d'en augmenter la masse, à un moment donné ; vérité bien simple et constamment négligée. » II, p.32 — « Et pour cela que fallait-il ? Prévoir ? non, les capitaux ont leur prévoyance plus sûre que celle des hommes d'État ; régenter ? gouverner ? encore moins, mais *laisser faire*. [...] Donc, qu'on cherche à faire revivre le crédit agricole en corrigeant les institutions qui l'ont détruit, rien de mieux. Mais qu'on le veuille fonder directement, par des institutions spéciales, c'est ce qui me paraît au moins chimérique. » VII, p.24-25

CYCLES ÉCONOMIQUES

— *À une première phase d'abondance anormale des capitaux succède un resserrement du crédit et une crise* : « Sans doute, les quatre époques des grandes crises, semblables à celles dont nous sommes témoins aujourd'hui, sont celles où le mal se manifeste ; mais les trois époques de prospérité *anormale* sont celles où il se prépare. Dans celles-ci, l'énorme épargne, que le pays réalise dans l'achat des subsistances, accumule des capitaux considérables dans les banques et aux mains des classes industrielles. Ces capitaux ne trouvent pas immédiatement un emploi profitable. De là un agiotage effréné, un téméraire esprit d'entreprise ; opérations lointaines et hasardeuses, chemins de fer, usines, tout se développe sur une échelle immense, et comme si l'état de choses actuel devait toujours durer. Mais les époques de cherté surviennent, et alors il se trouve qu'une grande partie du capital national a été aussi certainement englouti que si on l'eût jeté dans la mer. » II, pp.56-57

~ D ~

DE LA LIBERTÉ DU TRAVAIL (LIVRE DE CHARLES DUNOYER)

— *Les qualités de ce livre* : « Ce sentiment se manifeste dans un livre récemment publié, et qui est certainement l'œuvre capitale qu'a produite depuis 1830 l'école économiste. Sans sacrifier aucun principe, on voit, à chaque ligne, que M. Dunoyer en confie la réalisation à un avenir éloigné, alors qu'une dure expérience, à défaut de la raison, aura dissipé ces préjugés funestes que les intérêts privés entretiennent et exploitent avec tant d'habileté. » III, p.79 — Cf. DUNOYER, CHARLES

DÉMOCRATIE

— *Ses avantages* : « Le grand avantage du gouvernement de la nation par la nation, c'est qu'elle ne peut s'en prendre qu'à elle-même du résultat de ses erreurs, et qu'elle est toujours en mesure de mettre à profit son expérience. » VII, p.219

— *En quoi Bastiat est un démocrate* : « Je suis de la démocratie, si vous entendez par ce mot : À chacun la propriété de son travail, liberté pour tous, égalité pour tous, justice pour tous, et paix entre tous. » II, p.445 — « Pour moi, j'appartiens de toutes les manières à la démocratie ; mais je ne la comprends qu'autant qu'elle inscrit sincèrement sur sa bannière : *Paix et liberté*. » VII, p.159 — « Quant à moi, j'appartiens, cœur et âme, à la cause de la démocratie, si l'on entend par ce mot le progrès indéfini vers l'égalité et la fraternité, par la liberté. D'autres ajoutent : Et par *l'association,* — soit ; pourvu qu'elle

soit *volontaire* ; auquel cas, c'est toujours la liberté. » II, p.317
— « Pour moi, je le dis hautement, j'ai toujours appartenu au
parti démocratique. Rien ne s'oppose à ce que je le déclare
ici, car, par cela même que notre Association n'arbore aucune couleur politique, elle ne défend à personne d'avouer
son drapeau. Si par le triomphe de la démocratie on entend
la participation de tous aux charges et aux avantages sociaux,
l'impartialité de la loi envers les petits comme envers les
grands, envers les pauvres comme envers les riches, le libre
jeu, le libre développement laissé aux tendances sociales vers
l'égalité des conditions, je suis du parti démocratique. » VII,
p.184

— *Attitude de Bastiat sur les élections* : (il se parle à lui-même
dans un projet de préface des *Harmonies*) « Je t'ai vu plusieurs
fois candidat, et toujours dédaignant ce qu'il faut faire pour
réussir. Tu disais sans cesse : Voici le temps où l'on s'occupe
un peu des affaires publiques, où on lit et parle de ce qu'on a
lu. J'en profiterai pour distribuer sous le manteau de la can-
didature quelques vérités utiles, — et au delà tu ne faisais
aucune démarche sérieuse. » VII, p.305

— *Effets de la démocratie en Suisse* : « La Suisse est le seul pays,
en Europe, où tout le monde concourt à faire la loi ; c'est
aussi le seul pays, en Europe, où des taxes sur le grand
nombre en faveur du petit nombre n'ont pu pénétrer. » II,
p.103

— *Sous le règne des idées socialistes, la machine électorale sera utilisée
pour piller* : « Enfin, comme il sera admis en principe que
l'État est chargé de faire de la fraternité en faveur des citoyens, on verra le peuple tout entier transformé en solliciteur. Propriété foncière, agriculture, industrie, commerce,
marine, compagnies industrielles, tout s'agitera pour réclamer

les faveurs de l'État. Le Trésor public sera littéralement au pillage. » IV, p.313 — Cf. SPOLIATION

DÉPENSES PUBLIQUES

— *L'argent public peut être bien ou mal employé* : « L'État peut faire des impôts un bon ou un mauvais usage : il en fait un bon usage quand il rend au public des services équivalents à la valeur que le public lui livre. Il en fait mauvais usage quand il dissipe cette valeur sans rien donner en retour. » IV, p.47

— *Ce que l'État dépense est dépensé en moins par les contribuables* : « D'autres disent : Il faut bien que l'État dépense beaucoup pour faire vivre beaucoup de monde. Est-il donc si difficile de voir que, lorsque le gouvernement dépense l'argent des contribuables, les contribuables ne le dépensent pas ? » VII, p.226 — « Le seul but que j'ai en vue, c'est de faire comprendre au lecteur que, dans toute dépense publique, derrière le bien apparent, il y a un mal plus difficile à discerner. » V, p.380 — « L'État n'est pas manchot et ne peut l'être. Il a deux mains, l'une pour recevoir et l'autre pour donner, autrement dit, la main rude et la main douce. L'activité de la seconde est nécessairement subordonnée à l'activité de la première. À la rigueur, l'État peut prendre et ne pas rendre. Cela s'est vu et s'explique par la nature poreuse et absorbante de ses mains, qui retiennent toujours une partie et quelquefois la totalité de ce qu'elles touchent. Mais ce qui ne s'est jamais vu, ce qui ne se verra jamais et ne se peut même concevoir, c'est que l'État rende au public plus qu'il ne lui a pris. » IV, p.334-335

— *Il va falloir réduire les dépenses publiques* : « Donc le mal ira toujours croissant à l'avenir, si nous ne parvenons, soit à augmenter les recettes, soit à diminuer les dépenses, non seulement de manière à les aligner, mais encore à trouver un excédant de recettes qui absorbe peu à peu les découverts antérieurs. » V, p.418

— *Pourquoi il est difficile de faire des économies* : « Tout le monde veut *l'économie* en général. Mais tout le monde combat chaque *économie* en particulier. » VII, p.401 — « L'idée de réaliser des économies sans froisser personne implique contradiction. » V, p.440

— *Pourquoi y a-t-il un déficit permanent* : « Pourquoi nos finances sont-elles dérangées ? — Parce que, pour les Représentants, il n'y a rien de plus facile que de voter une Dépense, et rien de plus difficile que de voter une Recette. ... J'en sais encore une raison. Tout le monde veut vivre aux dépens de l'État, et on oublie que l'État vit aux dépens de tout le monde. » V, p.447 — « Les finances publiques ne tarderont pas d'arriver à un complet désarroi. Comment pourrait-il en être autrement quand l'État est chargé de fournir tout à tous ? Le peuple sera écrasé d'impôts, on fera emprunt sur emprunt ; après avoir épuisé le présent, on dévorera l'avenir. » IV, p.313

— *Un État fondé sur des principes de liberté ne sera pas dépensier* : « Le principe éternel que l'État ne doit pas être producteur, mais procurer la sécurité aux producteurs, entraîne nécessairement l'économie et l'ordre dans les finances publiques. » IV, p.291 — « *Lourd budget* et *liberté* sont incompatibles. » IV, p.153

DIFFUSION DES IDÉES

— *Il faut convaincre d'abord les élites* : (dans une lettre à Richard Cobden) « Oui, vous avez raison, je conçois que chez nous la diffusion des lumières doit procéder de haut en bas. Instruire les masses est une tâche impossible, puisqu'elles n'ont ni le droit, ni l'habitude, ni le goût des grandes assemblées et de la discussion publique. C'est un motif de plus pour que j'aspire à me mettre en contact avec les classes les plus éclairées et les plus influentes, *through* la députation. » I, p.114. — (idem) « Je n'ai pas d'ailleurs perdu de vue ce que vous me disiez un jour, que le mouvement, qui s'était fait de bas en haut en Angleterre, doit se faire de haut en bas en France » I, p.129

DOUANES

— *Bastiat ne les combat pas, il combat la protection* : « Il suppose que je demande la *suppression des douanes*. M. de Romanet se trompe. Je demande la suppression du régime protecteur. Nous ne refusons pas des taxes au gouvernement ; mais nous voudrions, si cela est possible, dissuader les gouvernés de se taxer les uns les autres. Napoléon a dit : "La douane ne doit pas être un instrument fiscal, mais un moyen de protéger l'industrie." — Nous plaidons le contraire, et nous disons : La douane ne doit pas être aux mains des travailleurs un instrument de rapine réciproque, mais elle peut être une machine fiscale aussi bonne qu'une autre. » IV, p.4 — « Je suis si loin de demander la suppression des douanes, que j'y vois pour l'avenir l'ancre de salut de nos finances. Je les crois susceptibles de procurer au Trésor des recettes immenses. » IV, p.4 — « Si l'État a tellement besoin d'argent, qu'il faille taxer les marchandises qui passent à la frontière, à la bonne heure ; les sommes ainsi prélevées proviennent de tous et sont dépensées au profit de tous. Mais que les tarifs soient appliqués à enrichir une classe aux dépens de toutes les autres, à organiser au sein de la communauté un système de spoliation réciproque, c'est là un abus auquel il est grand temps que l'opinion publique mette un terme. » VII, p.33

— *Ce n'est pas le pire moyen de lever l'impôt* : « Quels que soient les inconvénients de la douane fiscale, il y a peut-être en

France des impôts pires encore ; et quant à moi, je vous avoue que je donne la préférence (j'entends préférence d'antipathie) à l'octroi et à l'impôt des boissons tel qu'il est établi. » II, p.138

— *Ce que Bastiat critique dans la douane* : « Ce que nous attaquons dans la douane, ce n'est pas la pensée *fiscale*, mais la pensée *féodale* ; c'est la protection, la faveur, le privilège, le système économique, la fausse théorie de l'échange, le but avoué de réglementer, de limiter et même d'interdire les transactions. » II, p.109

DUNOYER, CHARLES

— *Son importance pour Bastiat* : « Je veux parler de M. Ch. Dunoyer. Ses deux premiers articles du *Censeur européen* (De l'équilibre des nations) ainsi que ceux de M. Comte qui les précèdent, décidèrent, il y a déjà bien longtemps, de la direction de mes idées et même de ma conduite politique. » VII, p.378 — Cf. CENSEUR EUROPÉEN

~ E ~

ÉCHANGE

— *L'échange, c'est la société* : « L'Échange, c'est l'Économie politique, c'est la Société tout entière ; car il est impossible de concevoir la Société sans Échange, ni l'Échange sans Société. » VI, p.93

— *L'échange est toujours un troc* : « Or ce qu'il faut bien remarquer, au début de la science, c'est que l'échange qui s'accomplit par un intermédiaire ne perd en rien la nature, l'essence, la qualité du Troc ; seulement c'est un troc composé. » VI, p.110 — « Si on suit la chose jusqu'au bout, on trouvera toujours que le *commerce* n'est qu'un ensemble de *trocs pour trocs, produits contre produits, services pour services*. Si donc un troc ne nuit pas au *travail national*, puisqu'il implique autant de *travail national donné* que de *travail étranger reçu*, cent mille millions de trocs ne lui nuiront pas davantage. » IV, p.175

— *Tout échange qui a lieu est bon* : « L'échange porte avec lui-même son titre à notre reconnaissance. Il s'accomplit, donc il est bon. » V, p.75

— *Pour qu'il soit équitable, il faut qu'il soit libre* : « Après avoir beaucoup cherché, on a trouvé que pour que deux services échangés eussent une valeur équivalente, pour que l'échange fût *équitable*, le meilleur moyen c'était qu'il fût libre. Quelque séduisante que soit au premier coup d'œil l'intervention de l'État, on s'aperçoit bientôt qu'elle est toujours oppressive pour l'une ou l'autre des parties contractantes. Quand on scrute ces matières, on est forcé de raisonner toujours sur cette donnée que l'*équivalence* résulte de la liberté. Nous n'avons en effet aucun autre moyen de savoir si, dans un moment déterminé, deux services *se valent*, que d'examiner s'ils s'échangent couramment et librement entre eux. » V, p.35 — « Quelle que soit pour l'une des parties contractantes la vivacité du besoin, pour l'autre l'intensité de l'effort, si l'échange est libre, les deux services échangés se valent. La valeur consiste donc dans l'appréciation comparative des services réciproques, et l'on peut dire encore que l'économie politique est la théorie de la valeur. » VI, p.59

— *Service contre service : c'est la base de l'économie politique* : « Fais ceci pour moi, et je ferai cela pour toi, c'est bien trivial, bien vulgaire ; ce n'en est pas moins le commencement, le milieu et la fin de la science. » IV, p.406

ÉCONOMIE POLITIQUE [1]

— *Cette science est fondée sur des axiomes* : « Je ne sais si je me fais illusion, mais il me semble qu'aucune science, pas même la géométrie, ne présente, à son point de départ, des vérités plus inattaquables. » VI, p.80

— *Son champ d'étude* : « L'économie politique, il est vrai, n'embrasse pas l'homme tout entier ; elle laisse leur part de cet inépuisable sujet à l'anatomie, à la physiologie, à la métaphysique, à la politique, à la morale, à la religion. Elle considère surtout l'action des hommes sur les choses, des choses sur les hommes, et des hommes entre eux, en tant qu'elle con-

---

[1] C'est par ce nom qu'on appelait, à l'époque de Bastiat, ce qui est devenu la science économique. (*note de l'éditeur*)

cerne leurs moyens d'exister et de se développer. » II, p.130-131

— *Cette science progresse à l'infini* : (Dans une lettre à Horace Say) « M. Clément a l'air de penser que c'est manquer de respect à nos maîtres que d'approfondir des problèmes qu'ils ont à peine effleurés, — parce qu'au temps où ils écrivaient, ces problèmes n'étaient pas posés. Selon lui, ils ont tout dit, tout vu, ne nous ont rien laissé à faire. — Ce n'est pas mon opinion et ce n'était certainement pas la leur. Entre les premières et les dernières pages de votre père, il y a un progrès trop sensible pour qu'il ne vît pas lui-même qu'il n'avait pas touché l'horizon et que nul ne le touchera jamais. Pour moi, les *Harmonies* fussent-elles finies à ma satisfaction (ce qui ne sera pas), que je ne les regarderais encore que comme un point d'où nos successeurs tireront un monde. » I, p.200

— *Son utilité* : « L'Économie politique a une utilité pratique évidente. C'est le flambeau qui, dévoilant la Ruse et dissipant l'Erreur, détruit ce désordre social, la Spoliation. Quelqu'un, je crois que c'est une femme, et elle avait bien raison, l'a ainsi définie : *C'est la serrure de sûreté du pécule populaire.* » IV, p.131

— *L'économie n'est pas une science que le peuple peut négliger* : « On pourrait ranger les sciences en deux catégories. Les unes, à la rigueur, peuvent n'être sues que des savants. Ce sont celles dont l'application occupe des professions spéciales. Le vulgaire en recueille le fruit malgré l'ignorance ; quoiqu'il ne sache pas la mécanique et l'astronomie, il n'en jouit pas moins de l'utilité d'une montre, il n'est pas moins entraîné par la locomotive ou le bateau à vapeur sur la foi de l'ingénieur et du pilote. Nous marchons selon les lois de l'équilibre sans les connaître, comme M. Jourdain faisait de la prose sans le savoir. Mais il est des sciences qui n'exercent sur le public qu'une influence proportionnée aux lumières du public lui-même, qui tirent toute leur efficacité non des connaissances accumulées dans quelques têtes exceptionnelles, mais de celles qui sont diffusées dans la raison générale. Telles sont la morale, l'hygiène, l'économie sociale, et, dans les pays où les hommes s'appartiennent à eux-mêmes, la politique. » IV, p.121 — « Ces sciences, que l'on a fort bien nommées sociales, ont encore ceci de particulier que, par cela même qu'elles sont d'une application usuelle, nul ne convient qu'il les ignore. — A-t-on besoin de résoudre une question de chimie ou de géométrie ? On ne prétend pas avoir la science infuse ; on n'a pas honte de consulter M. Thénard ; on ne se fait pas difficulté d'ouvrir Legendre ou Bezout. — Mais, dans les sciences sociales, on ne reconnaît guère d'autorités. Comme chacun fait journellement de la morale bonne ou mauvaise, de l'hygiène, de l'économie, de la politique raisonnable ou absurde, chacun se croit apte à gloser, disserter, décider et trancher en ces matières. » — IV, p.122

— *La France a besoin de cette science* : « Le pays a bien besoin de cette science qui le sauvera. » VII, p.437

— *Elle est peu connue en France* : « En ce pays-ci la science économique est si peu sue, qu'elle ne peut prononcer un mot sans faire surgir un adversaire. » VI, p.402

— *Il faudrait l'enseigner en France* : « C'est un malheur irréparable, que les gouvernements qui se sont succédé en France aient toujours mis obstacle à l'enseignement de l'économie politique. » VI, p.132

— *Conséquence d'une ignorance de l'économie politique* : « Ne pas savoir l'Économie politique, c'est se laisser éblouir par l'effet immédiat d'un phénomène ; la savoir, c'est embrasser dans sa pensée et dans sa prévision l'ensemble des effets. » V, p.391 — Cf. SOPHISME

— *Le rôle de la science économique est de décrire, non de prescrire* : « Elle se borne à décrire les phénomènes, leurs causes et leurs effets, — sûre que les hommes sauront choisir. Voilà pourquoi, comme celui qui place des écriteaux à l'entrée de chaque route, elle se contente de dire : Voici où conduit l'une : voilà où mène l'autre. » I, p.442 — « L'économie politique n'est pas un art, mais une science. Elle n'impose rien, elle ne conseille même rien, et par conséquent elle ne sacrifie rien ; elle décrit comment la richesse se produit et se distribue, de même que la physiologie décrit le jeu de nos organes ; et il est aussi injuste d'imputer à l'une les maux de la société qu'il le serait d'attribuer à l'autre les maladies qui affligent le corps humain. » III, p.8

— *Pauvreté des critiques qui la repoussent* : « Depuis quelque temps, de nombreux écrivains se sont élevés contre l'économie politique et ont cru qu'il suffisait, pour la flétrir, d'altérer son nom. Ils l'ont appelée l'*économisme*. Messieurs, je ne pense pas qu'on ébranlerait les vérités démontrées par la géométrie, en l'appelant *géométrisme*. » II, p.256

ÉCONOMISTES

— *Les premiers économistes ont été critiqués* : « Les Quesnay, les Turgot, les Smith, les Malthus, les Say n'ont pas échappé cependant, je ne dis pas à la réfutation, elle est toujours de droit, mais à la calomnie, au dénigrement, aux grossières injures. Attaquer leurs écrits, et même leurs intentions, est devenu presque une mode. » VI, p.347

— *De quoi on accuse les économistes* : « Par une déduction aussi fausse qu'injuste, sait-on de quoi on accuse les économistes ? c'est, quand nous repoussons la subvention, de repousser la chose même qu'il s'agit de subventionner, et d'être les ennemis de tous les genres d'activité, parce que nous voulons que ces activités, d'une part soient libres, et de l'autre cherchent en elles-mêmes leur propre récompense. Ainsi, demandons-nous que l'État n'intervienne pas, par l'impôt, dans les matières religieuses ? nous sommes des athées. Demandons-nous que l'État n'intervienne pas, par l'impôt, dans l'éducation ? nous haïssons les lumières. Disons-nous que l'État ne doit pas donner, par l'impôt, une valeur factice au sol, à tel ordre d'industrie ? nous sommes les ennemis de la propriété et du travail. Pensons-nous que l'État ne doit pas subventionner les artistes ? nous sommes des barbares qui jugeons les arts inutiles. » V, p.349

— *Différence entre un bon et un mauvais économiste* : « Entre un mauvais et un bon Économiste, voici toute la différence : l'un s'en tient à l'effet *visible* ; l'autre tient compte et de l'effet qu'on *voit* et de ceux qu'il faut *prévoir*. » V, p.336

— *Différence entre les économistes et leurs adversaires* : « Nos adversaires croient qu'une activité qui n'est ni soudoyée ni réglementée est une activité anéantie. Nous croyons le contraire. Leur foi est dans le législateur, non dans l'humanité. La nôtre est dans l'humanité, non dans le législateur. » V, p.350

— *Ce que réclame l'école économiste* : « L'école qu'on appelle *économiste* propose la destruction immédiate de tous les privilèges, de tous les monopoles, la suppression immédiate de toutes les fonctions inutiles, la réduction immédiate de tous les traitements exagérés, une diminution profonde des dépenses publiques, le remaniement de l'impôt, de manière à faire disparaître tous ceux qui pèsent sur les consommations du peuple, qui enchaînent ses mouvements et paralysent le travail. Elle demande, par exemple, que l'octroi, l'impôt sur le sel, les taxes sur l'entrée des subsistances et des instruments de travail, soient sur-le-champ abolis. Elle demande que ce mot *liberté*, qui flotte avec toutes nos bannières, qui est inscrit sur tous nos édifices, soit enfin une vérité. Elle demande qu'après avoir payé au gouvernement ce qui est indispensable pour maintenir la sécurité intérieure et extérieure, pour réprimer les fraudes, les délits et les crimes, et pour subvenir aux grands travaux d'utilité nationale, LE PEUPLE GARDE LE RESTE POUR LUI. » II, p.469-470 — Cf. PROGRAMME

ÉDUCATION

— *L'enseignement n'a fait aucun progrès depuis des siècles* : « De toutes les branches de l'activité nationale, celle peut-être qui a fait le moins de progrès, c'est l'enseignement. Il est encore à peu près ce qu'il était dans le Moyen âge. Les idylles de Théocrite et les odes d'Horace sont encore la base de l'instruction qu'on donne à la jeunesse du dix-neuvième siècle. Cela semble indiquer qu'il n'y a rien de moins progressif et de plus immuable que ce qui se fait par le monopole gouvernemental. » VII, p.231

— *Le monopole de l'enseignement est la cause de son état lamentable* : « Comment est-il arrivé que l'enseignement, en France, soit demeuré uniforme et stationnaire, à partir des ténèbres du moyen âge ? Parce qu'il a été monopolisé et renfermé, par les grades universitaires, dans un cercle infranchissable. » IV, p.443

— *Danger de faire de l'éducation un moule* : « Aujourd'hui, dans quel objet précis et bien déterminé frapperait-on tous les citoyens, comme une monnaie, à la même effigie ? Est-ce parce qu'ils se destinent tous à des carrières diverses ? Sur quoi se fonderait-on pour les jeter dans le même moule ?... *et qui tiendra le moule ?* Question terrible, qui devrait nous faire réfléchir. *Qui tiendra le moule ?* S'il y a un moule (et le Baccalauréat en est un), chacun en voudra tenir le manche, M.

Thiers, M. Parisis, M. Barthélemy Saint-Hilaire, moi, les rouges, les blancs, les bleus, les noirs. Il faudra donc se battre pour vider cette question préalable, qui renaîtra sans cesse. N'est-il pas plus simple de briser ce moule fatal, et de proclamer loyalement la Liberté ? » IV, p.491

— *L'infaillibilité n'étant pas de ce monde, la liberté vaut mieux, dans l'éducation comme pour le reste* : « S'il y a, dans le monde, un homme (ou une secte) infaillible, remettons-lui non seulement l'éducation, mais tous les pouvoirs, et que ça finisse. Sinon, éclairons-nous le mieux que nous pourrons, mais n'abdiquons pas. » IV, p.486

— *L'école publique est faite de savoirs inutiles et funestes* : « Car si encore les connaissances exigées par le baccalauréat avaient quelques rapports avec les besoins et les intérêts de notre époque ! si du moins elles n'étaient qu'inutiles ! mais elles sont déplorablement funestes. Fausser l'esprit humain, c'est le problème que semblent s'être posé et qu'ont résolu les corps auxquels a été livré le monopole de l'enseignement. » IV, p.446

— *Défauts de l'organisation de l'éducation en France* : « L'Université, qui décide ce que les Français apprendront ou n'apprendront pas, juge à propos de leur faire passer leurs premières années parmi des possesseurs d'esclaves, dans les républiques guerrières de la Grèce et de Rome. Est-il surprenant qu'ils ignorent le mécanisme de nos sociétés libres et laborieuses ? » II, p.64

— *L'éducation n'est pas libre* : « Moi, père de famille, et le professeur avec lequel je me concerte pour l'éducation de mon fils, nous pouvons croire que la véritable instruction consiste à savoir ce que les choses sont et ce qu'elles produisent, tant dans l'ordre physique que dans l'ordre moral. Nous pouvons penser que celui-là est le mieux instruit qui se fait l'idée la plus exacte des phénomènes et sait le mieux l'enchaînement des effets aux causes. Nous voudrions baser l'enseignement sur cette donnée. — Mais l'État a une autre idée. Il pense qu'être savant c'est être en mesure de scander les vers de Plaute, et de citer, sur le feu et sur l'air, les opinions de Thalès et de Pythagore. Or que fait l'État ? Il nous dit : Enseignez ce que vous voudrez à votre élève ; mais quand il aura vingt ans, je le ferai interroger sur les opinions de Pythagore et de Thalès, je lui ferai scander les vers de Plaute, et, s'il n'est assez fort en ces matières pour me prouver qu'il y a consacré toute sa jeunesse, il ne pourra être ni médecin, ni avocat, ni magistrat, ni consul, ni diplomate, ni professeur. Dès lors, je suis bien forcé de me soumettre, car je ne prendrai pas sur moi la responsabilité de fermer à mon fils tant de si belles carrières. Vous aurez beau me dire que je suis libre ; j'affirme que je ne le suis pas. » IV, p.445-446

— *Bastiat, dans sa lutte contre le classicisme dans l'université, veut la liberté* : « Veuillez bien remarquer ceci : quand je m'élève contre les études classiques, je ne demande pas qu'elles soient *interdites* ; je demande seulement qu'elles ne soient pas *imposées.* Je n'interpelle pas l'État pour lui dire : Soumettez tout le monde à mon opinion, mais bien : Ne me courbez pas sous l'opinion d'autrui. La différence est grande, et qu'il n'y ait pas de méprise à cet égard. » IV, p.480-481 — « M. Thiers, M. de Riancey, M. de Montalembert, M. Barthélemy Saint-Hilaire, pensent que l'atmosphère romaine est excellente pour former le cœur et l'esprit de la jeunesse, soit. Qu'ils y plongent leurs enfants ; je les laisse libres. Mais qu'ils me laissent libre aussi d'en éloigner les miens comme d'un air pestiféré. Messieurs les réglementaires, ce qui vous paraît sublime me semble odieux, ce qui satisfait votre conscience alarme la mienne. Eh bien ! suivez vos inspirations, mais laissez-moi suivre la mienne. Je ne vous force pas, pourquoi me forceriez-vous ? » IV, p.481

— *Il faut laisser la liberté d'enseigner* : « Le plus pressé, ce n'est pas que l'État enseigne, mais qu'il laisse enseigner. Tous les monopoles sont détestables, mais le pire de tous, c'est le monopole de l'enseignement. » V, p.93

— *Effets de la liberté de l'éducation* : « Laissons donc l'enseignement libre. Il se perfectionnera par les essais, les tâtonnements, les exemples, la rivalité, l'imitation, l'émulation. » I, p.475

ÉPARGNE

— *Sa définition* : « *Épargner,* c'est mettre volontairement un intervalle entre le moment où l'on rend des services à la société et celui où l'on en retire des services équivalents. » VI, p.492

— *Critique des institutions qui freinent la prévoyance* : « Toute institution qui tend à diminuer la prévoyance humaine ne nous semble conférer quelque bien au présent que pour accumuler des maux sans nombre dans l'avenir ; nous la jugeons antagonique au principe même de la civilisation ; et, pour trancher le mot, nous la croyons *barbare.* » VII, p.27

ESCLAVAGE

— *Le travail libre lui est supérieur* : « C'est encore une vérité démontrée par l'Économie politique, que le travail libre est essentiellement progressif et le travail esclave nécessairement stationnaire. En sorte que le triomphe du premier sur le second est inévitable. » IV, p.135

ÉTAT

— *Utilité d'une définition* : « Je voudrais qu'on fondât un prix, non de cinq cents francs, mais d'un million, avec couronnes, croix et rubans, en faveur de celui qui donnerait une bonne, simple et intelligible définition de ce mot : l'ÉTAT. Quel immense service ne rendrait-il pas à la société ! » IV, p.327

— *Définition proposée par Bastiat* : « L'ÉTAT, c'est la grande fiction à travers laquelle TOUT LE MONDE s'efforce de vivre aux dépens de TOUT LE MONDE. » IV, p.332

— *C'est le peuple qui le fait vivre* : « Les citoyens font vivre l'État. L'État ne peut faire vivre les citoyens. » II, p.446 — « Peuple, comment l'État pourra-t-il te faire vivre, puisque c'est toi qui fait vivre l'État ? » II, p.459

— *C'est une grande erreur de s'en remettre à l'État à chaque fois qu'une difficulté se présente* : « Nous comprenons que, lorsqu'un obstacle se présente, la première pensée qui vienne à l'esprit, c'est de recourir au gouvernement. Le gouvernement dispose de grandes forces ; et, dès lors, il peut presque toujours vaincre l'obstacle qui gêne. Mais est-il raisonnable de s'en tenir à cette première conséquence et de fermer les yeux sur toutes celles qui s'ensuivent ? Or, si le premier effet de l'action gouvernementale est de vaincre l'obstacle présent, le second effet est d'éloigner et de paralyser toutes les forces individuelles, toute l'activité commerciale. Dès lors pour avoir agi une fois, le gouvernement se voit dans la nécessité d'agir toujours. Il arrive ce que nous voyons en Irlande, où l'État a insensiblement accepté la charge impossible de nourrir, vêtir et occuper la population tout entière. » II, p.24 — « Cette prétention du gouvernement de tout faire, de tout diriger, de tout gouverner, a dû faire naître naturellement une pensée dangereuse dans le pays : cette population qui est au-dessous attend tout du gouvernement, elle attend l'impossible de ce gouvernement. » V, p.490 — « Le peuple, accoutumé à tout attendre de l'État, ne l'accuse pas de trop faire, mais de ne pas faire assez. Il le renverse et le remplace par un autre, auquel il ne dit pas : *Faites moins,* mais : *Faites plus* ; et c'est ainsi que l'abîme se creuse et se creuse encore. » VI, p.548

— *Danger du système où l'État dicte la marche* : « Mais quand l'*imitation* est imposée à tout un peuple par mesure administrative, quand la loi détermine la direction, la marche et le but du travail, il ne reste plus qu'un souhait à faire : c'est que cette loi soit infaillible ; car si elle se trompe, au moment où elle donne une impulsion déterminée à l'industrie, celle-ci doit suivre toujours une voie funeste. » II, p.28-29

— *Il agit toujours par la force* : « Il ne faut pas perdre de vue que l'État agit toujours par l'intermédiaire de la Force. » VI, p.18
— « Le gouvernement n'agit que par l'intervention de la force, donc son action n'est légitime que là où l'intervention de la force est elle-même légitime. » VI, p.551

— *Deux systèmes politiques s'opposent : celui de l'État omnipotent et celui de l'État minimal* : « Citoyens, dans tous les temps deux systèmes politiques ont été en présence, et tous les deux peuvent se soutenir par de bonnes raisons. Selon l'un, l'État doit beaucoup faire, mais aussi il doit beaucoup prendre. D'après l'autre, sa double action doit se faire peu sentir. Entre ces deux systèmes il faut opter. Mais quant au troisième système, participant des deux autres, et qui consiste à tout exiger de l'État sans lui rien donner, il est chimérique, absurde, puéril, contradictoire, dangereux. Ceux qui le mettent en avant, pour se donner le plaisir d'accuser tous les gouvernements d'impuissance et les exposer ainsi à vos coups, ceux-là vous flattent et vous trompent, ou du moins ils se trompent eux-mêmes. » IV, p.340

— *L'État, par ses lois, ne peut rien produire, ne peut pas augmenter la production* : « Ce système serait fondé en raison, s'il était au pouvoir d'un décret d'ajouter quelque chose aux éléments de la production. Mais il n'y a pas de décret au monde qui puisse augmenter le nombre des bras, ou la fertilité du sol d'une nation, ajouter une obole à ses capitaux ou un rayon à son soleil. Tout ce que peut faire une loi, c'est de changer les combinaisons de l'action que ces éléments exercent les uns sur les autres ; c'est de substituer une direction artificielle à la direction naturelle du travail ; c'est de le forcer à solliciter un agent avare de préférence à un agent libéral ; c'est, en un mot, de le diviser, de le disséminer, de le dévoyer, de le mettre aux prises avec des obstacles supérieurs, mais jamais de l'accroître. » I, p.273

— *Quand l'État intervient, il n'y a plus ni association ni volonté* : « On a beau inscrire sur son drapeau *Association volontaire,* je dis que lorsqu'on appelle à son aide la loi et l'impôt, l'enseigne est aussi menteuse qu'elle puisse l'être, puisqu'il n'y a plus alors ni *association* ni *volonté.* » II, p.471

— *En cherchant à faire ce qu'il est incapable de faire, il fait naître la déception et provoque des révolutions* : « Mais si le gouvernement se charge d'élever et de régler les salaires et qu'il ne le puisse ; s'il se charge d'assister toutes les infortunes et qu'il ne le puisse ; s'il se charge d'assurer des retraites à tous les travailleurs et qu'il ne le puisse ; s'il se charge de fournir à tous les ouvriers des instruments de travail et qu'il ne le puisse ; s'il se charge d'ouvrir à tous les affamés d'emprunts un crédit gratuit et qu'il ne le puisse ; si, selon les paroles que nous avons vues avec regret échapper à la plume de M. de Lamartine, "l'État se donne la mission d'éclairer, de développer, d'agrandir, de fortifier, de spiritualiser, et de sanctifier l'âme des peuples", et qu'il échoue ; ne voit-on pas qu'au bout de chaque déception, hélas ! plus que probable, il y a une non moins inévitable révolution ? » IV, p.386-387 — « Faites la Loi sur le principe fraternitaire, proclamez que c'est d'elle que découlent les biens et les maux, qu'elle est responsable de toute douleur individuelle, de toute inégalité sociale, et vous ouvrez la porte à une série sans fin de plaintes, de haines, de troubles et de révolutions. » IV, p.389

— *Son intervention permanente trouble toute activité économique* : « Je vous avoue que l'avenir m'inquiète beaucoup. Comment l'industrie pourra-t-elle reprendre, quand il est admis en principe que le domaine des décrets est illimité ? Quand chaque minute, un décret sur les salaires, sur les heures de travail, sur le prix des choses, etc., peut déranger toutes les combinaisons ? » VII, p.382

— *L'intervention de l'État perturbe le signal des prix* : « Sous le régime de la liberté, le résultat est là qui avertit à chaque instant si l'on fait ou non fausse route. Mais quand l'État s'en mêle, c'est tout différent ; car quoiqu'il ne puisse pas changer le résultat général et faire que la perte soit bénéfice, il peut fort bien altérer les résultats partiels et faire que les pertes de l'un retombent sur l'autre. Il peut, par des taxes plus ou moins déguisées, rendre une industrie lucrative aux dépens de la communauté, attirer vers elle l'activité des citoyens, par un déplorable déplacement du capital. » II, p.33-34

— *Bastiat ne repousse pas son intervention en toutes choses* : « Qu'une nation, après s'être assurée qu'une grande entreprise doit profiter à la communauté, la fasse exécuter sur le produit d'une cotisation commune, rien de plus naturel. » V, p.353 — « Il n'est pas vrai que nous la repoussions en toutes choses. Nous admettons que c'est la mission de l'État de maintenir l'ordre, la sécurité, de faire respecter les personnes et les propriétés, de réprimer les fraudes et les violences. Quant aux services qui ont un caractère, pour ainsi parler, industriel, nous n'avons pas d'autre règle que celle- ci : que l'État s'en charge s'il en doit résulter pour la masse une économie de forces. Mais, pour Dieu, que, dans le calcul, on fasse entrer en ligne de compte tous les inconvénients innombrables du travail monopolisé par l'État. » IV, p.520

— *L'État doit protéger la liberté et la propriété* : « En disant que les hommes doivent jouir du libre exercice de leurs facultés, il demeure bien entendu que je n'entends point dénier au gouvernement le droit et le devoir de réprimer l'abus qu'ils en peuvent faire. Bien au contraire, les économistes pensent que c'est là sa principale et presque sa seule mission. » I, p.410

— *Les attributions de l'État* : « Le nombre des choses qui rentrent dans les attributions essentielles du gouvernement est très limité : faire régner l'ordre, la sécurité, maintenir chacun dans la justice, c'est-à-dire réprimer les délits et les crimes, et exécuter quelques grands travaux d'utilité publique, d'utilité nationale, voilà, je crois, quelles sont ses attributions essentielles. » V, p.488 — « Veiller à la sécurité publique ; Administrer le domaine commun ; Percevoir les contributions. Tel est, je crois, le cercle rationnel dans lequel doivent être circonscrites ou ramenées les attributions gouvernementales. » VI, p.555 — « Il faut que le gouvernement soit fort contre les ennemis du dedans et du dehors, car sa mission est de maintenir la paix intérieure et extérieure. Mais il faut qu'il abandonne à l'activité privée tout ce qui est de son domaine. L'ordre et la liberté sont à ce prix. » I, p.480 — « Pour moi, je pense que lorsque le pouvoir a garanti à chacun le libre exercice et le produit de ses facultés, réprimé l'abus qu'on en peut faire, maintenu l'ordre, assuré l'indépendance nationale et exécuté certains travaux d'utilité publique au-dessus des forces individuelles, il a rempli à peu près toute sa tâche. En dehors de cercle, religion, éducation, association, travail, échanges, tout appartient au domaine de l'activité privée, sous l'œil de l'autorité publique, qui ne doit avoir qu'une mission de surveillance et de répression. » I, p.464 — Cf. PROGRAMME

— *Langage qu'il devrait tenir* : « N'attendez de moi que deux choses : Liberté, Sécurité, — et comprenez bien que vous ne pouvez, sans les perdre toutes deux, m'en demander une troisième. » VI, p.126

— *Un État limité à ses fonctions est fort, non faible* : « Contenir le pouvoir, c'est le consolider et non le compromettre. » I, p.473 — « Il y en a qui croient qu'un gouvernement circonscrit en est plus faible. Il leur semble que de nombreuses attributions et de nombreux agents donnent à l'État la stabilité d'une large base. Mais c'est là une pure illusion. Si l'État ne peut sortir d'un cercle déterminé sans se transformer en instrument d'injustice, de ruine et de spoliation, sans bouleverser la naturelle distribution du travail, des jouissances, des capitaux et des bras, sans créer des causes actives de chômages, de crises industrielles et de paupérisme, sans augmenter la proportion des délits et des crimes, sans recourir à des moyens toujours plus énergiques de répression, sans exciter le mécontentement et la désaffection, comment sortira-t-il une garantie de stabilité de ces éléments amoncelés de désordre ? » VI, p.557

— *Nécessité de redéfinir le champ d'action de l'État et de privatiser des services publics* : « Sans doute un temps viendra, et nous devons le hâter de nos efforts autant que de nos vœux, où l'industrie privée, moralisée par l'expérience et élargie par l'esprit d'association, fera rentrer dans son domaine les usurpations des *services publics* ; où, le gouvernement circonscrit dans sa fonction essentielle, le maintien de la sécurité intérieure et extérieure, n'exigeant plus que des ressources proportionnées à cette sphère d'action, il sera permis de faire disparaître de notre système financier une foule de taxes qui blessent la liberté et l'égalité des citoyens. » I, p.267 — Cf. PROGRAMME

— *Conditions pour que les fonctions régaliennes deviennent inutiles* : « Créons parmi nous l'esprit de justice, de paix et de concorde, afin de rendre de plus en plus inutiles l'armée, la marine, la police, la magistrature, la répression, en un mot l'État. » V, p.237

ÉTATS-UNIS

— *Le peuple américain est un exemple* : « Peuple, sois plus avisé ; fait comme les républicains d'Amérique : donne à l'État le strict nécessaire *et garde le reste pour toi.* » II, p.460

— *Les droits naturels y sont respectés* : « Dans un pays, comme aux États-Unis, où l'on place le droit de Propriété au-dessus de la Loi, où la force publique n'a pour mission que de faire respecter ce droit naturel, chacun peut en toute confiance consacrer à la production son capital et ses bras. Il n'a pas à craindre que ses plans et ses combinaisons soient d'un instant à l'autre bouleversés par la puissance législative. » IV, p.287

— *La loi y reste dans son rôle* : « Jetez les yeux sur les États-Unis. C'est le pays du monde où la Loi reste le plus dans son rôle, qui est de garantir à chacun sa liberté et sa propriété. Aussi c'est le pays du monde où l'ordre social paraît reposer sur les bases les plus stables. » IV, p.352

— *Beauté de la politique étrangère américaine* : « On reproche au peuple américain de manquer de dignité. Si cela est, ce n'est pas au moins dans sa politique extérieure, à laquelle une pensée traditionnelle de paix et de non-intervention donne un caractère si imposant de justice et de grandeur. » V, p.455

~ F ~

FEMMES

— *Les femmes ont souvent du bon sens économique* : « Il est vrai qu'elles font, dans leur ménage, de l'économie politique, et de la plus orthodoxe encore. On leur entend dire souvent : Je renonce au tricot, parce que c'est une manière dispendieuse d'acheter des bas ; si je fais de la tapisserie, c'est que cela m'amuse, et je sais que j'y perds. — Hélas ! il est triste de penser qu'il nous faut, vous et moi et bien d'autres, accumuler des volumes pour démontrer aux savants ce que comprennent de simples femmes, et pour prouver que l'économie des nations est fondée sur le même principe que l'économie des ménages ! » VII, p.115

FONCTIONNAIRES

— *Pourquoi certains cherchent les fonctions publiques* : « Pour comprendre combien ils tiennent la fixité pour précieuse, il suffit de voir avec quel empressement ils se jettent sur les fonctions publiques. Qu'on ne dise pas que cela tient à l'honneur qu'elles confèrent. Certes, il y a des places dont le travail n'a rien de très relevé. Il consiste, par exemple, à surveiller, fouiller, vexer les citoyens. Elles n'en sont pas moins recherchées. Pourquoi ? Parce qu'elles constituent une position sûre. » VI, p.438

— *Ils ne sont ni des demi-dieux, ni des improductifs absolus* : « Beaucoup de publicistes ont eu le tort de ne pas donner assez d'importance aux fonctionnaires publics et de les considérer comme une classe *improductive*. Les écoles modernes nous semblent tomber dans l'exagération contraire, en faisant des gouvernants des êtres à part, placés en dehors et au-dessus de l'humanité, ayant mission, comme dit Rousseau, *de lui donner le sentiment et la volonté, le mouvement et la vie.* » II, p.221

— *De par leur nombre, les fonctionnaires provoquent des révolutions à répétition* : « Ce n'est donc pas parce qu'il y a peu de lois et de fonctionnaires, autrement dit, peu de services publics, que les révolutions sont à craindre. C'est, au contraire, parce qu'il y a beaucoup de lois, beaucoup de fonctionnaires, beaucoup de services publics. Car, par leur nature, les services publics, la loi qui les règle, la force qui les fait prévaloir, ne sont jamais neutres. Ils peuvent, ils doivent s'étendre sans danger, avec avantage, autant qu'il est nécessaire pour faire régner entre tous la justice rigoureuse : au-delà, ce sont autant d'instruments d'oppression et de spoliation légales, autant de causes de désordre, autant de ferments révolutionnaires. » VI, p.559

— *Tout ce qui devient à leur charge ne progresse plus* : « Tout ce qui est tombé dans le domaine du fonctionnarisme est à peu près stationnaire ; il est douteux qu'on enseigne mieux aujourd'hui que du temps de François Ier ; et je ne pense pas que personne s'avise de comparer l'activité des bureaux ministériels à celle d'une manufacture. » VI, p.549

— *Plus il y en a, plus la liberté est compromise* : « On ne peut multiplier les fonctionnaires sans multiplier les fonctions. Ce serait trop criant. Or, multiplier les fonctions, c'est multiplier les atteintes à la liberté. » II, p.478

— *Les postes publics inutiles sont extrêmement nuisibles* : « Toute fonction publique inutile n'est pas seulement une charge pour la communauté, mais une atteinte à la liberté des citoyens. Dans la fonction publique qui s'impose au public et ne se débat pas, il n'y a pas de milieu : elle est utile ou sinon essentiellement *nuisible* ; elle ne saurait être neutre. Quand un homme exerce avec *autorité* une action, non sur les choses, mais sur ses semblables, s'il ne leur fait pas de bien, il doit nécessairement leur faire du mal. » VII, p.229 — « Car, en fait de fonctionnaires publics, il n'y a pas de neutralité : s'ils ne sont pas très utiles, ils sont nuisibles ; s'ils ne maintiennent pas la liberté des citoyens, ils l'oppriment. » V, p.478

— *Il y en a trop* : « Je vous supplie de faire une réflexion bien triviale, mais enfin je la fais souvent. Je me demande ce que sont devenus mes amis d'enfance et mes camarades de collège. Et savez-vous quelle est la réponse ? Sur vingt, il y en a quinze qui sont fonctionnaires ; et je suis persuadé que si vous faites le calcul, vous arriverez au même résultat. (Rires approbatifs à gauche.) M. BÉRARD. C'est là la cause des révolutions. M. BASTIAT. Je me fais encore une autre question, c'est celle-ci : En les prenant un à un, en bonne conscience, rendent-ils au pays des services réels équivalant à ce que le pays leur paye ? Et presque toujours je suis forcé de répondre : Il n'en est pas ainsi. » V, p.478

— *Le fonctionnarisme, conséquence du socialisme* : « Bientôt il y aura deux ou trois agents salariés auprès de chaque Français, l'un pour l'empêcher de trop travailler, l'autre pour faire son éducation, un troisième pour lui fournir du crédit, un quatrième pour entraver ses transactions, etc., etc. Où nous conduira cette illusion qui nous porte à croire que l'État est un personnage qui a une fortune inépuisable indépendante de la nôtre ? » IV, p.431

— *Un libéral n'a pas de raison d'être l'ennemi invétéré des fonctionnaires* : « On a voulu voir là une jalousie mesquine, une défiance presque haineuse contre les fonctionnaires. Il n'en est rien. Je connais beaucoup de fonctionnaires, presque tous mes amis le sont (car qui ne l'est aujourd'hui ?), je le suis moi-même ; et, dans mes essais d'économie politique, j'ai soutenu, contre l'opinion de mon maître, M. Say, que leurs services étaient productifs au même titre que les services privés. » I, p.468

FRANCE

— *La France est trop gouvernée* : « En France on nous a habitués à être gouvernés outre mesure, à merci et miséricorde. » VII, p.213 — « Ce pays est trop gouverné, voilà le mal. Le remède est qu'il apprenne à se gouverner lui-même, qu'il apprenne à faire la distinction entre les attributions essentielles de l'État et celles qu'il a usurpées, à nos frais, sur l'activité privée. Tout le problème est là. » V, p.487-488 — « Nous sommes dans un pays habitué à être tellement gouverné qu'on ne peut s'imaginer qu'il puisse y avoir un peu d'ordre et de sécurité avec moins de réglementation. » V, p.489

— *Le peuple français se croit incroyable* : « Il n'est certainement aucun peuple qui se brûle à lui-même autant d'encens que le peuple français, quand il se considère en masse, et, pour ainsi dire, en nation abstraite. "Notre terre est la terre des braves ; notre pays, le pays de l'honneur et de la loyauté par excellence ; nous sommes généreux et magnifiques ; nous marchons à la tête de la civilisation, et ce qu'ont de mieux à faire tous les habitants de cette planète, c'est de recevoir nos idées, d'imiter nos mœurs et de copier notre organisation sociale." » II, p.25

FRANKLIN, BENJAMIN

— *Sur son livre* la Science du Bonhomme Richard : « J'ai fait la trouvaille d'un vrai trésor, c'est un petit volume contenant des mélanges de morale et de politique par Franklin. J'en suis

tellement enthousiaste que je me suis mis à prendre les mêmes moyens que lui pour devenir aussi bon et aussi heureux ; cependant il est des vertus que je ne chercherai pas même à acquérir, tant je les trouve inabordables pour moi. »
I, p.19-20

~ G ~

GRATUITÉ

— *Ce que gratuit signifie* : « Gratuite ! cela veut dire : aux dépens des contribuables. » IV, p.516 — « On parle beaucoup, depuis la République, de crédit *gratuit,* d'instruction *gratuite.* Mais il est clair qu'on enveloppe un grossier sophisme dans ce mot. Est-ce que l'État peut faire que l'instruction se répande, comme la lumière du jour, sans qu'il en coûte aucun effort à personne ? Est-ce qu'il peut couvrir la France d'institutions et de professeurs qui ne se fassent pas payer de manière ou d'autre ? Tout ce que l'État peut faire, c'est ceci : au lieu de laisser chacun réclamer et rémunérer volontairement ce genre de services, l'État peut arracher, par l'impôt, cette rémunération aux citoyens, et leur faire distribuer ensuite l'instruction de son choix, sans exiger d'eux une seconde rémunération. En ce cas, ceux qui n'apprennent pas payent pour ceux qui apprennent, ceux qui apprennent peu pour ceux qui apprennent beaucoup, ceux qui se destinent aux travaux manuels pour ceux qui embrasseront les carrières libérales. C'est le Communisme appliqué à une branche de l'activité humaine. Sous ce régime, que je n'ai pas à juger ici, on pourra dire, on devra dire : *l'instruction est commune,* mais il serait ridicule de dire : *l'instruction est gratuite.* Gratuite ! oui, pour quelques-uns de ceux qui la reçoivent, mais non pour ceux qui la payent, sinon au professeur, du moins au percepteur. » VI, p.295 — « Il n'est rien que l'État ne puisse donner *gratuitement* à ce compte ; et si ce mot n'était pas une mystification, ce n'est pas seulement l'instruction *gratuite* qu'il faudrait demander à l'État, mais la nourriture *gratuite,* le vêtement *gratuit,* le vivre et le couvert *gratuits,* etc. Qu'on y prenne garde. Le peuple en est presque là ; du moins il ne manque pas de gens qui demandent en son nom le crédit *gratuit,* les instruments de travail *gratuits,* etc., etc. Dupes d'un mot, nous avons fait un pas dans le Communisme ; quelle raison avons-nous de n'en pas faire un second, puis un troisième, jusqu'à ce que toute liberté, toute propriété, toute justice y aient passé ? Dira-t-on que l'instruction est si universellement nécessaire qu'on peut, en sa faveur, faire fléchir le droit et les principes ? Mais quoi ! est-ce que l'alimentation n'est pas plus nécessaire encore ? *Primo vivere, deinde philosophari,* dira le peuple, et je ne sais en vérité ce qu'on aura à lui répondre. » VI, p.295-296 — « À la vérité, le mot *gratuit* appliqué aux services publics renferme le plus grossier et, j'ose dire, le plus puéril des sophismes. J'admire, pour moi, l'extrême gobe-moucherie avec laquelle le public se laisse prendre à ce mot. Ne voulez-vous pas, nous dit-on, l'instruction *gratuite,* les haras *gratuits ?* Certes, oui, j'en veux, et je voudrais aussi l'alimentation gratuite, le logement gratuit… si c'était possible. Mais il n'y a de vraiment gratuit que ce qui ne coûte rien à personne. Or les services publics coûtent à tout le monde ; c'est parce que tout le monde les a payés d'avance qu'ils ne coûtent plus rien à celui qui les reçoit. » VI, p.543 — Cf. DÉPENSES PUBLIQUES

GUERRE

— *C'est le pire des maux* : « La guerre est toujours la plus grande des perturbations que puisse subir un peuple dans son industrie, dans le courant de ses affaires, la direction de ses capitaux, même jusque dans ses goûts. Par conséquent, c'est une cause puissante de dérangement, de malaise, pour les classes qui peuvent le moins changer la direction de leur travail. » VI, p.469

— *L'économie politique prouve que toute guerre est néfaste au peuple* : « L'Économie politique démontre que, même à ne considérer que le peuple victorieux, la guerre se fait toujours dans l'intérêt du petit nombre et aux dépens des masses. » IV, p.134

— *Les guerres viennent toujours de conflits de pouvoir* : « Mais ouvrez donc au hasard les annales de l'humanité ! Consultez l'histoire ancienne ou moderne, sacrée ou profane, demandez-vous d'où sont venues toutes ces guerres de races, de classes, de nations, de familles ! Vous obtiendrez toujours cette réponse invariable : De la soif du pouvoir. » V, p.532

— *Inutilité de la guerre pour forcer un peuple à se conformer à nos idées* : « Oublient-ils que c'est toujours le peuple qui paie de son sang et de sa bourse les frais de la guerre ? Et quel motif d'ailleurs ont les classes laborieuses françaises et russes de s'entr'égorger ? Est-ce parce que les malheureux russes sont encore soumis au régime du knout ? Faut-il les tuer pour leur apprendre à vivre ? » VII, p.156

— *Tempérament belliciste des journalistes* : « De toutes les classes d'hommes, la plus belliqueuse c'est certainement celle des journalistes. Ils ont le bonheur de ne laisser sur le champ de bataille ni leurs jambes, ni leurs bras ; c'est le paysan qui est la *chair à canon,* et quant à eux, ils ne contribuent aux frais de la guerre qu'autant que leur coûtent une fiole d'encre et une main de papier. Il est si commode d'exciter les armées, de les faire manœuvrer, de critiquer les généraux, de montrer le plus ardent patriotisme, la bravoure la plus héroïque, et tout cela du fond de son cabinet, au coin d'un bon feu ! » II, p.198

~ H ~

HARMONIE

— *Solidarité d'intérêt des individus, des nations et des industries* : « Pour chaque individu, pour chaque industrie, pour chaque nation, le moyen le plus sûr de s'enrichir, c'est d'enrichir les autres. » II, p.244 — « Et voilà, messieurs les Socialistes, la vraie fraternité, non point la fraternité fouriériste, mais la fraternité providentielle : que les nations ne puissent rien accomplir de grand et de beau, même dans des vues égoïstes, qui ne profite aussitôt à l'humanité tout entière. » VII, p.102

— *Harmonie des intérêts entre les nations* : « Dans notre propre intérêt, nous devons désirer que tous les pays du monde soient le plus favorisés possible par la nature ; que partout la chaleur, l'humidité, la gravitation, l'électricité entrent dans une grande proportion dans la création des produits, qu'il reste de moins en moins à faire au travail ; car cette peine humaine qu'il reste à prendre est seule la mesure de celle qu'on nous demande pour nous livrer le produit. — Que la houille anglaise soit à la surface du sol, que la mine touche le rivage de la mer, qu'un vent toujours propice la pousse vers nos rivages, que les capitaux en Angleterre soient si abondants que la rémunération en soit de plus en plus réduite, que des inventions merveilleuses viennent diminuer le concours onéreux du travail, ce n'est pas les Anglais qui profiteront de ces avantages, mais nous ; car ils se traduisent tous en ces termes : *Bon marché*, et le bon marché ne profite pas au vendeur, mais à l'acheteur. Ainsi ce bienfait que la nature semblait avoir accordé à l'Angleterre, c'est à nous qu'elle l'a accordé, ou du moins nous entrons en participation de ce bienfait par l'échange. » II, p.301 — « L'économie politique bien comprise démontre, par le motif que je viens de dire et par bien d'autres, que chaque peuple, loin d'envier les avantages des autres peuples, doit s'en féliciter ; et il s'en félicitera certainement dès qu'il comprendra que ces avantages ont beau nous paraître localisés, — par l'échange, ils sont le domaine commun et gratuit de tous les hommes. » II, p.302

— *Les lois sociales sont harmoniques* : « Les lois générales du monde social sont harmoniques, elles tendent dans tous les sens au perfectionnement de l'humanité. » VI, p.479

— *Conséquence du fait que les intérêts sont harmoniques* : « Si donc il était une fois bien démontré que, sous le régime de la liberté, les intérêts concordent et s'entre-favorisent, tous les efforts que nous voyons faire aujourd'hui aux gouvernements pour troubler l'action de ces lois sociales naturelles, nous les leur verrions faire pour laisser à ces lois toute leur puissance, ou plutôt ils n'auraient pas pour cela d'efforts à faire, si ce n'est celui de s'abstenir. » VI, p.122 — « Ainsi : gouvernements arbitraires et compliqués, négation de la liberté et de la propriété, antagonisme des classes et des peuples, tout cela est logiquement renfermé dans cet axiome : Le profit de l'un est le dommage de l'autre. — Et, par là même raison : simplicité dans les gouvernements, respect de la dignité individuelle, liberté du travail et de l'échange, paix entre les nations, sécurité pour les personnes et les propriétés, tout cela est contenu dans cette vérité : Les intérêts sont harmoniques. » VI, p.123

— *Harmonie des intérêts et ses effets* : « J'entreprends de montrer dans cet écrit l'Harmonie des lois providentielles qui régissent la société humaine. Ce qui fait que ces lois sont harmoniques et non discordantes, c'est que tous les principes, tous les mobiles, tous les ressorts, tous les intérêts concourent vers un grand résultat final, que l'humanité n'atteindra jamais à cause de son imperfection native, mais dont elle approchera toujours en vertu de sa perfectibilité indomptable ; et ce résultat est : le rapprochement indéfini de toutes les classes vers un niveau qui s'élève toujours ; en d'autres termes : l'égalisation des individus dans l'amélioration générale. » VI, p.141

— *Les ouvriers gagnent de plus en plus, signe que l'harmonie règne dans le monde social* : « On peut affirmer que l'ordre social naturel est perfectible et harmonique, si, d'un côté, le nombre des hommes voués au travail brut, et recevant la plus petite rétribution possible, va sans cesse diminuant, et si, de l'autre, cette rémunération mesurée non en valeur ou en monnaie, mais en satisfaction réelle, s'accroît sans cesse. » VI, p.196

— *C'est une vérité prouvée dès le début par les économistes* : « Cette harmonie, la science économique l'a proclamée dès l'origine. Cela est attesté par le titre seul des livres physiocrates. » I, p.210

— *La liberté est le principe harmonique* : « Liberté ! voilà, en définitive, le principe harmonique. Oppression ! voilà le principe dissonant ; la lutte de ces deux puissances remplit les annales du genre humain. » VI, p.391

— *Le marché produit de lui-même l'harmonie* : « Je dis qu'abandonnée à ses instincts, à sa pente, à son impulsion naturelle, — les capitaux, les bras, les facultés se distribueraient entre tous les modes d'activité humaine, agriculture, fabrication, arts libéraux, commerce, navigation, *exertions* intellectuelles et morales, dans des proportions toujours harmoniques, toujours calculées pour faire sortir de chaque effort le plus grand bien du plus grand nombre. » II, p.29

— *Elle est la différence entre socialistes et économistes* : « Ce qui sépare radicalement les diverses écoles socialistes (j'entends ici celles qui cherchent dans une organisation artificielle la solution du problème social) de l'École économiste, ce n'est pas telle ou telle vue de détail, telle ou telle combinaison gouvernementale ; c'est le point de départ, c'est cette question préliminaire et dominante : Les intérêts humains, laissés à eux-mêmes, sont-ils harmoniques ou antagoniques ? » VI, p.4 — « Les Économistes auxquels j'ai fait allusion disent : Les grandes lois providentielles précipitent la société vers le mal ; mais il faut se garder de troubler leur action, parce qu'elle est heureusement contrariée par d'autres lois secondaires qui retardent la catastrophe finale, et toute intervention arbitraire ne ferait qu'affaiblir la digue sans arrêter l'élévation fatale du flot. Les Socialistes disent : Les grandes lois providentielles précipitent la société vers le mal ; il faut les abolir et en choisir d'autres dans notre inépuisable arsenal. Les catholiques disent : Les grandes lois providentielles précipitent la société vers le mal ; il faut leur échapper en renonçant aux intérêts humains, en se réfugiant dans l'abnégation, le sacrifice, l'ascétisme et la résignation. Et, au milieu de ce tumulte, de ces cris d'angoisse et de détresse, de ces appels à la subversion ou au désespoir résigné, j'essaye de faire entendre cette parole devant laquelle, si elle est justifiée, toute dissidence doit s'effacer : Il n'est pas vrai que les grandes lois providentielles précipitent la société vers le mal. » VI, p.11 — « La dissidence profonde, irréconciliable sur ce point entre les socialistes et les économistes, consiste en ceci : les socialistes croient à l'antagonisme essentiel des intérêts. Les économistes croient à l'harmonie naturelle, ou plutôt à l'harmonisation nécessaire et progressive des intérêts. Tout est là. » IV, p.322

— *Les socialistes veulent aussi l'harmonie, mais ils la cherchent dans l'organisation* : « Voilà toute notre querelle avec les socialistes.

Les uns et les autres nous voulons l'harmonie. Ils la cherchent dans les combinaisons innombrables qu'ils veulent que la loi impose aux hommes ; nous la trouvons dans la nature des hommes et des choses. » IV, p.324

— *Pourquoi les économistes parviennent à l'observer* : « Si l'Économie politique arrive à reconnaître l'harmonie des intérêts, c'est qu'elle ne s'arrête pas, comme le Socialisme, aux conséquences immédiates des phénomènes, mais qu'elle va jusqu'aux effets ultérieurs et définitifs. C'est là tout le secret. » IV, p.324

HARMONIES ÉCONOMIQUES (LIVRE)

— *Intention de l'auteur avec ce livre* : « Il faut aussi que je fasse une seconde édition de mes *Sophismes,* et je voudrais beaucoup faire encore un petit livre intitulé : *Harmonies économiques.* Il ferait le pendant de l'autre ; le premier démolit, le second édifierait. » I, p.136

— *Son thème central* : « Tous les intérêts légitimes sont harmoniques. C'est l'idée dominante de cet écrit. » VI, p.2

— *Il fut écrit à la va-vite* : « Ceci a été écrit à peu près par improvisation. » VII, p.439

— *Difficulté de prouver sa thèse* : « Les lois sociales ont leurs *harmonies* comme les lois du monde physique. C'est ce que je m'efforce de démontrer dans le livre que j'ai en ce moment sur le métier. — Je dois avouer que je ne suis pas content de ce qu'il est. J'avais un magnifique sujet, je l'ai manqué et ne suis plus à temps de refaire, parce que les premières feuilles sont sous presse. Peut-être ce *fiasco* n'est-il pas de ma faute. C'est une chose difficile sinon impossible de parler dignement des harmonies sociales à un public qui ignore ou conteste les notions les plus élémentaires. Il faut tout prouver jusqu'à la légitimité de l'intérêt, etc. — C'est comme si Arago voulait montrer l'harmonie des mouvements planétaires à des gens qui ne sauraient pas la numération. » VII, p.437

— *Peu de succès du livre* : « Les *Harmonies* passent inaperçues ici, si ce n'est d'une douzaine de connaisseurs. Je m'y attendais ; il ne pouvait en être autrement. Je n'ai pas même pour moi le zèle accoutumé de notre petite église, qui m'accuse d'hétérodoxie ; malgré cela j'ai la confiance que ce livre se fera faire place petit à petit. » I, p.103 — « Vous voudriez beaucoup faire une renommée à mes pauvres *Harmonies*. Cela vous sera difficile. Le temps seul y réussira, si elles valent la peine que le temps s'occupe d'elles. » VII, p.438

~ I ~

IMPÉRIALISME

— *Un peuple qui cherche la suprématie à l'extérieur se ruinera* :
« Montrez-moi un peuple se nourrissant d'injustes idées de
domination extérieure, d'influence abusive, de prépondérance, de prépotence ; s'immisçant dans les affaires des nations voisines, sans cesse menaçant ou menacé ; et je vous
montrerai un peuple accablé de taxes. » V, p.411 — « Ils [les
ouvriers] savent bien, ou du moins ils commencent à apprendre que lorsqu'un peuple veut faire des conquêtes et
exercer partout une injuste suprématie, lorsqu'il s'accable lui-
même d'impôts et de dettes pour payer ses marins, ses soldats, ses diplomates, toute l'activité déployée pour satisfaire
sa gloriole est perdue pour la satisfaction de ses justes et
légitimes besoins. » VII, p.196-197

— *Critique de l'intervention militaire à l'étranger et du* nation-
bulding : « Creuser des ports en Barbarie quand la Garonne
s'ensable tous les jours ! M'enlever mes enfants que j'aime
pour aller tourmenter les Kabyles ! Me faire payer les mai-
sons, les semences et les chevaux qu'on livre aux Grecs et
aux Maltais, quand il y a tant de pauvres autour de nous ! »
IV, p.200

— *Nous avons tort d'imposer des choses par la force à d'autres
peuples :* « Et puis, comment se fait-il qu'il n'y ait pas assez
d'impartialité, au fond de notre conscience nationale, pour
comprendre combien nos prétentions à imposer une idée,
par la force, blessent au cœur nos frères du dehors ? Quoi !

nous, le peuple le plus susceptible de l'Europe ; nous, qui, avec raison, ne souffririons pas l'intervention d'un régiment anglais, fût-ce pour venir ériger sur le sol de la patrie la statue de la liberté, et nous enseigner la perfection sociale elle-même ; quand tous, jusqu'aux vieux débris de Coblentz, nous sommes d'accord sur ce point qu'il faudrait nous unir pour briser la main étrangère qui viendrait, armée, s'immiscer dans nos tristes débats, c'est nous qui avons toujours sur les lèvres ce mot irritant : prépondérance ; et nous ne savons montrer la liberté à nos frères, qu'une épée au poing tournée vers leur poitrine ! Comment en sommes-nous venus à nous imaginer que le cœur humain n'est pas partout le même ; qu'il n'a pas partout la même fierté, la même horreur de la dépendance ? » V, p.451-452 — Cf. INTERVENTION MILITAIRE

IMPORTATIONS

— *Ce qu'a besoin une nation, c'est d'importer beaucoup* : « Le but réel de toute nation (quoi qu'elle en pense elle-même) est d'importer le plus possible et d'exporter le moins possible, comme le but de tout homme, dans ses transactions, est d'obtenir beaucoup en donnant peu. » II, p.219

— *Peu importe si l'étranger nous « inonde » de produits* : « Mais, dit-on, si l'étranger nous *inonde* de ses produits, il emportera notre numéraire. Eh qu'importe ? L'homme ne se nourrit pas de numéraire, il ne se vêt pas d'or, il ne se chauffe pas avec de l'argent. Qu'importe qu'il y ait plus ou moins de numéraire dans le pays, s'il y a plus de pain aux buffets, plus de viande aux crochets, plus de linge dans les armoires, et plus de bois dans les bûchers ? » IV, p.14 — « Supposez, si cela vous amuse, que l'étranger nous inonde de toutes sortes de marchandises utiles, sans nous rien demander ; que nos importations sont *infinies* et nos exportations *nulles,* je vous défie

de me prouver que nous en serons plus pauvres. » IV, p.57
— « Un maître de forges français dit : Préservons-nous de
l'*invasion* des fers anglais. Un landlord anglais s'écrie : Repoussons l'*invasion* des blés français ! — Et ils proposent
d'élever des barrières entre les deux peuples. — Les barrières
constituent l'isolement, l'isolement conduit à la haine, la
haine à la guerre, la guerre à l'*invasion*. — Qu'importe ? disent
les deux *sophistes* ; ne vaut-il pas mieux s'exposer à une *invasion* éventuelle que d'accepter une *invasion* certaine ? — Et les
peuples de croire, et les barrières de persister. » IV, p.116

IMPÔTS

— *Ils sont payés sous la contrainte* : « Les Montagnards aspirent à
ce que « l'impôt perde son caractère oppressif et ne soit plus
qu'un acte de fraternité. » Bonté du ciel ! je savais bien qu'il
est de mode de fourrer la fraternité partout, mais je ne me
doutais pas qu'on la pût mettre dans le bulletin du percepteur. » IV, p.339

— *Ils sont toujours mis sur le peuple* : « La vérité est, et le peuple
ne devrait jamais le perdre de vue, que la contribution publique s'adressera toujours et nécessairement aux objets de la
consommation la plus générale, c'est-à-dire la plus populaire.
C'est précisément là le motif qui doit pousser le peuple, s'il
est prudent, à restreindre les dépenses publiques, c'est-à-dire
l'action, les attributions et la responsabilité du gouvernement.
Il ne faut pas qu'il s'attende à ce que l'État le fasse vivre,
puisque c'est lui qui fait vivre l'État. » V, p.416 — Cf. ÉTAT

— *Plus d'État signifie plus d'impôts sur les masses* : « Mais lorsque
l'État soutire à la nation le quart, le tiers, la moitié de ses
revenus, il est réduit à agir de ruse, à multiplier les sources de
recettes, à inventer les taxes les plus bizarres, et en même
temps les plus vexatoires. Il fait en sorte que la taxe se con-

fonde avec le prix des choses, afin que le contribuable la paye sans s'en douter. De là les impôts de consommation, si funestes aux libres mouvements de l'industrie. Or quiconque s'est occupé de finances sait bien que ce genre d'impôt n'est productif qu'à la condition de frapper les objets de la consommation la plus générale. On a beau fonder des espérances sur les taxes somptuaires, je les appelle de tous mes vœux par des motifs d'équité, mais elles ne peuvent jamais apporter qu'un faible contingent à un gros budget. Le peuple se ferait donc complètement illusion s'il pensait qu'il est possible, même au gouvernement le plus populaire, d'aggraver les dépenses publiques, déjà si lourdes, et en même temps de les mettre exclusivement à la charge de la classe riche. » II, 475-476 — « Quand une nation, victime d'une timidité exagérée, n'ose rien faire par elle-même, et qu'elle sollicite à tout propos l'intervention de l'État, il faut bien qu'elle se résigne à être impitoyablement rançonnée ; car l'État ne peut rien faire sans finances, et quand il a épuisé les sources ordinaires de l'impôt, force lui est d'en venir aux exactions les plus bizarres et les plus vexatoires. » I, p.478 — « Remarquez-le bien, chaque invasion de la puissance publique, dans le domaine de l'activité privée, implique une taxe. Si le gouvernement prétend s'emparer de l'éducation, il lui faut des professeurs à gages et partant une taxe. S'il aspire à soumettre nos consciences à un symbole, il lui faut un clergé et partant une taxe. S'il doit exécuter les chemins de fer et les canaux, il lui faut un capital et partant une taxe. S'il doit faire des conquêtes en Afrique et dans l'Océanie, il lui faut des armées, une marine, et partant une taxe. S'il doit *pondérer* les profits des diverses industries par l'action des tarifs, il lui faut une douane et partant une taxe. S'il est chargé de fournir à tous du travail et du pain, il lui faut des taxes et toujours des taxes. » I, p.489 — « Dès l'instant que le public veut des fontaines, des pavés, des réverbères, il faut qu'il donne de l'argent. » II, p.107

— *L'effet des impôts* : « Vous comparez la nation à une terre desséchée et l'impôt à une pluie féconde. Soit. Mais vous devriez vous demander aussi où sont les sources de cette pluie, et si ce n'est pas précisément l'impôt qui pompe l'humidité du sol et le dessèche. » V, p.344 — « Quand un fonctionnaire dépense à son profit *cent sous de plus,* cela implique qu'un contribuable dépense à son profit *cent sous de moins.* Mais la dépense du fonctionnaire *se voit,* parce qu'elle se fait ; tandis que celle du contribuable *ne se voit pas,* parce que, hélas ! on l'empêche de se faire. » V, p.344

— *Seuls les impôts légers sont faciles à répartir* : « Plus un impôt est léger, plus il est facile de le répartir équitablement ; que plus, au contraire, il est lourd, plus, malgré toute la bonne volonté du législateur, il tend à se répartir inégalement, plus, comme on pourrait le dire, il tend à devenir progressif au rebours, c'est-à-dire à frapper les citoyens en raison inverse de leurs facultés. » V, p.480 — « Quand une nation est écrasée de taxes, rien n'est plus difficile et je pourrais dire impossible que de les répartir également. Les statisticiens et les financiers n'y aspirent plus. Il y a cependant une chose plus impossible encore, c'est de les rejeter sur les riches. L'État ne peut avoir beaucoup d'argent qu'en épuisant tout le monde et les masses surtout. » IV, p.308 — « Or de grands impôts impliquent toujours de grandes entraves. S'il ne s'agissait de demander à la France que cinq à six cents millions, on peut concevoir, pour les recueillir, un mécanisme financier extrêmement simple. Mais s'il faut lui arracher quinze à dix-huit cents millions, il faut avoir recours à toutes les ruses imaginables de la fiscalité. » VII, p.220

— *Quel impôt est le meilleur* : « Si l'on nous demande quel est l'impôt le moins onéreux, il faut répondre : le plus ancien, celui qui a donné le temps aux inconvénients et dérangements de parcourir tout leur cycle funeste. » II, p.414

— *En eux-mêmes, les impôts ne sont pas toujours un mal* : « Nous ne regardons pas l'impôt *en lui-même* comme une atteinte à la liberté. » II, p.11 — « Si l'impôt n'est pas nécessairement une perte, encore moins est-il nécessairement une spoliation. » VI, p.537 — « Il y a en effet deux sortes d'impôts, les bons et les mauvais. J'appelle *bon impôt* celui en retour duquel le contribuable reçoit un service supérieur ou du moins équivalent à son sacrifice. » VII, p.161 — « C'est donc à tort que quelques auteurs, dont l'opinion était influencée par le spectacle de taxes écrasantes et abusives, ont considéré comme *perdue* toute valeur consacrée aux services publics. » VI, p.536-537

— *Ce que sont les mauvais impôts* : « J'appelle *mauvais impôt* celui qui ne confère pas au contribuable un avantage égal à son sacrifice. La taxe est détestable si le contribuable ne reçoit rien, et odieuse s'il reçoit en retour, comme cela s'est vu, une vexation. Il n'est pas sans exemple qu'un peuple ait payé pour être opprimé, et qu'on lui ait arraché son argent pour lui ravir sa liberté. » VII, p.162

— *Au-delà d'un certain niveau d'imposition, augmenter les impôts provoque une baisse des recettes* : « Si un impôt est graduellement et indéfiniment élevé, par cela même qu'à chaque degré d'élévation il restreint un peu plus la consommation ou la matière imposable, un moment arrive nécessairement où la moindre addition à la taxe diminue la recette. » II, p.189 — « On se rappelle que la taxe s'élevant sans cesse, et la consommation diminuant à mesure, il arriva un moment où, en ajoutant 5% au taux de l'impôt, on eut 5% de moins de recette. » II, p.225 — « Quand vous voulez grossir votre revenu, quel est depuis longtemps tout votre secret ? C'est justement de modérer les taxes. » I, p.390 — « En théorie, tout le monde conviendra que les taxes peuvent être portées à un tel degré d'exagération qu'il est impossible d'y rien ajouter, sans pétrifier la richesse générale, de manière à compromettre le trésor public lui-même. » V, p.423

— *Avantages que présentent les impôts indirects pour la recette* : « Les défenseurs des *taxes indirectes* ne manquent pas non plus de bonnes raisons. La principale est que la taxe, dans ce système, se confond tellement avec le prix vénal de l'objet, que le contribuable ne les distingue plus, et qu'on paye l'impôt sans le savoir ; ce qui ne laisse pas que d'être commode, surtout pour le fisc, qui parvient ainsi progressivement à tirer quelque cinq et six francs d'un objet qui ne vaut pas vingt sous. » II, p.214 — « Quand un gouvernement a besoin d'un, deux ou trois milliards, il est réduit à les soutirer du peuple, pour ainsi dire par ruse. Le problème est de prendre aux citoyens la moitié, les deux tiers, les trois quarts de leurs revenus, goutte à goutte, heure par heure, et sans qu'ils y comprennent rien. C'est là le beau côté des impôts indirects. La taxe s'y confond si intimement avec le prix des objets qu'il est absolument impossible de les démêler. Avec la précaution de n'établir d'abord, selon la politique impériale, qu'un impôt bien modéré, afin de ne pas occasionner une variation trop visible des prix, on peut arriver ensuite à des résultats surprenants. » II, p.215

— *L'impôt proportionnel est juste* : « Arriver à l'impôt proportionnel, c'est tout ce que la justice exige ; au delà il n'y a qu'injustice, oppression et malheur pour tous. » VII, p.402

— *Défaut des principes du système fiscal de la France* : « Il semble que c'est sur le principe diamétralement opposé, *limitation quant au nombre des objets taxés, exagération quant à la quotité de la taxe,* que l'on ait fondé notre système financier en cette matière. » I, p.269

— *Ils sont lourds sur les objets de consommation courante* : « Si j'examine les principaux objets de consommation universelle, auxquels l'État demande son revenu, je les trouve chargés de taxes tellement exorbitantes qu'on ne peut expliquer que par la puissance de l'habitude la soumission du contribuable. » V, p.419-420

— *Les impôts provisoires finissent toujours par être définitifs* : « Dans tous les pays, les ministres des finances procèdent ainsi à l'égard des nouveaux impôts. C'est un *décime de guerre*, un *income-tax* ; c'est ceci ou cela, né des circonstances, et certainement destiné à disparaître avec elles, mais qui, néanmoins, ne disparaît jamais. » II, p.213

— *On ne peut pas réclamer beaucoup de l'État, et croire qu'il suffira de taxer les riches* : « Imposer à l'État des attributions exorbitantes, et persuader qu'il pourra y faire face avec l'argent prélevé sur le *superflu* des riches, c'est donner au public une vaine espérance. » V, p.416 — « Le peuple commence à savoir que la machine gouvernementale est coûteuse. Mais ce qu'il ne sait pas, c'est que le fardeau retombe *inévitablement* sur lui. On lui fait croire que si jusqu'ici sa part a été lourde, la République a un moyen, tout en augmentant le fardeau général, d'en repasser au moins la plus grande partie sur les épaules du riche. Funeste illusion ! Sans doute on peut arrivera à ce que le percepteur s'adresse à telle personne plutôt qu'à telle autre, et que, matériellement, il reçoive l'argent de la main du riche. Mais l'impôt une fois payé, tout n'est pas fini. Il se fait un travail ultérieur dans la société, il s'opère des réactions sur la valeur respective des services, et l'on ne peut pas éviter que la charge ne se répartisse à la longue sur tout le monde, le pauvre compris. Son véritable intérêt est donc, non qu'on frappe une classe, mais qu'on les ménage toutes, à cause de la solidarité qui les lie. » IV, p.431-432

— *Conséquence de l'excès d'impôts* : « Un tel impôt serait de la confiscation, et voyez les conséquences. Si, en fait, toute propriété était confisquée à mesure qu'elle se forme, qui est-ce qui se donnerait la peine de créer de la propriété ? On ne travaille pas seulement pour vivre au jour le jour. Parmi les stimulants du travail, le plus puissant peut-être, c'est l'espoir d'acquérir quelque chose pour ses vieux jours, d'établir ses enfants, d'améliorer le sort de sa famille. Mais si vous arrangez votre système financier de telle sorte que toute propriété soit confisquée à mesure de sa formation, alors, nul n'étant intéressé ni au travail ni à l'épargne, le capital ne se formera pas ; il décroîtra avec rapidité, si même il ne déserte pas subitement à l'étranger ; et, alors, que deviendra le sort de cette classe même que vous aurez voulu soulager ? » II, p.475

— *La liberté n'existe plus quand le peuple est surtaxé* : « Mais la question est précisément de savoir si un peuple surtaxé peut être libre, s'il n'y a pas incompatibilité radicale entre la liberté et l'exagération de l'impôt. Or, j'affirme que cette incompatibilité est radicale. » II, p.477

— *Diminuer les impôts est la première exigence* : « Diminuer les impôts (ce qui ne veut pas toujours dire diminuer les recettes), voilà donc la première moitié du programme financier républicain. » V, p.438 — Cf. PROGRAMME

— *La seule solution pour baisser les impôts est de baisser les dépenses* : « Si l'on veut voter ces réductions d'impôts, il ne faut pas commencer par voter sans cesse des accroissements de dépenses. » II, p.228 — « Modérez l'excès des *services* publics, ne laissez à l'État que ses attributions véritables ; alors il sera facile de diminuer les dépenses et par conséquent les impôts. » II, p.228

— *Le fisc prospère de la prospérité des contribuables* : « Le fisc prospère par la prospérité des contribuables. De même, une industrie ne *vaut* que par la richesse de sa clientèle. Il suit de là que, lorsque le fisc ou le monopole cherchent leur développement dans des moyens qui ont pour effet nécessaire de ruiner le consommateur, l'un et l'autre entrent dans le même cercle vicieux. Il arrive un moment où plus ils renforcent le chiffre de la taxe, plus ils affaiblissent celui de la recette. » V, p.434

— *Les citoyens devraient savoir ce qu'ils paient pour quels services* : « Croyez-vous que, si l'on demandait la part contributive de chaque citoyen sous la forme directe ; si on lui envoyait un bulletin de contribution portant, non seulement le chiffre de ce qu'il doit pour l'année, mais le détail de ses contributions ; car c'est facile à décomposer : tant pour la justice, tant pour la police, tant pour l'Algérie, tant pour l'expédition de Rome, etc. ; croyez-vous pour cela que le pays ne serait pas bien gouverné ? » V, p.483

INCOMPATIBILITÉS PARLEMENTAIRES

— *L'intérêt des élus est d'augmenter leur pouvoir* : « Mais si nous voulons restreindre l'action du gouvernement, ne nommons pas des agents du gouvernement ; si nous voulons diminuer les impôts, ne nommons pas des gens qui vivent d'impôts ; si nous voulons une bonne loi communale, ne nommons pas un préfet ; si nous voulons la liberté de l'enseignement, ne nommons pas un recteur ; si nous voulons la suppression des droits réunis ou celle du conseil d'État, ne nommons ni un conseiller d'État ni un directeur des droits réunis. » I, p.222

INDUSTRIE

— *Elle a besoin de stabilité et souffre de l'instabilité législative* : « L'*incertitude*, le plus grand fléau du travail. » IV, p.313

— *Différence entre la lutte industrielle et la lutte militaire* : « La *lutte industrielle* diffère de la lutte militaire en ceci : Dans la lutte armée, le vaincu est soumis à un tribut, dépouillé de sa propriété, réduit en esclavage ; dans la lutte industrielle, la nation vaincue entre immédiatement en partage du fruit de la victoire. » II, p.261 — « Cessons donc d'assimiler puérilement la concurrence industrielle à la guerre ; fausse assimilation qui tire tout ce qu'elle a de spécieux de ce qu'on isole deux industries rivales pour juger les effets de la concurrence. Sitôt qu'on fait entrer en ligne de compte l'effet produit sur le bien-être général, l'analogie disparaît. » IV, p.270

INÉGALITÉS

— *L'économie de marché provoque l'égalisation des conditions* : « Nous avons établi comment tous les phénomènes économiques, et spécialement la loi de la concurrence, tendaient à l'égalité des conditions ; cela ne nous paraît pas théoriquement contestable. Puisque aucun avantage naturel, aucun procédé ingénieux, aucun des instruments par lesquels ces procédés sont mis en œuvre, ne peuvent s'arrêter définitivement aux producteurs en tant que tels ; puisque les résultats, par une dispensation irrésistible de la Providence, tendent à devenir le patrimoine commun, gratuit, et par conséquent égal de tous les hommes, il est clair que la classe la plus pauvre est celle qui tire le plus de profit *relatif* de cette admirable disposition des lois de l'économie sociale. Comme le pauvre est aussi libéralement traité que le riche à l'égard de l'air respirable, de même il devient l'égal du riche pour toute cette partie du prix des choses que le progrès anéantit sans cesse. Il y a donc au fond de la race humaine une tendance prodigieuse vers l'*égalité*. Je ne parle pas ici d'une tendance d'aspiration, mais de réalisation. » VI, p.528-529

— *L'inégalité désolante est causée non par la liberté, mais par la spoliation* : « s'il est vrai, comme j'ai essayé de le démontrer, que la Liberté, qui est la libre disposition des propriétés, et, par conséquent, la consécration suprême du Droit de Propriété ; s'il est vrai, dis-je, que la Liberté tend invinciblement à amener la *juste équivalence des services*, à réaliser progressivement l'Égalité, à rapprocher tous les hommes d'un même niveau qui s'élève sans cesse, ce n'est pas à la Propriété qu'il faut imputer l'Inégalité désolante dont le monde nous offre encore le triste aspect, mais au principe opposé, à la Spoliation, qui a déchaîné sur notre planète les guerres, l'esclavage, le servage, la féodalité, l'exploitation de l'ignorance et de la crédulité publiques, les privilèges, les monopoles, les restrictions, les emprunts publics, les fraudes commerciales, les impôts excessifs, et, en dernier lieu, la guerre au capital et l'absurde prétention de chacun de vivre et se développer aux dépens de tous. » IV, p.434

INITIATIVE INDIVIDUELLE

— *Elle disparaît quand l'État intervient trop* : « Là où les citoyens comptent trop sur les autorités, ils finissent par ne pas assez compter sur eux-mêmes. » II, p.122 — Cf. ÉTAT

— *Il est plus sage de laisser chacun décider pour lui-même* : « Oui, c'est une chose triste, et j'ose ajouter dégradante, que le législateur ne veuille pas laisser les intéressés décider et agir pour eux-mêmes en ces matières, à leurs périls et risques. Au moins alors chacun a la responsabilité de ses actes ; celui qui se trompe est puni et se redresse. Mais quand le législateur impose et prohibe, s'il a une erreur monstrueuse dans la cervelle, il faut que cette erreur devienne la règle de conduite de toute une grande nation. » V, p.405

— *Le moteur est dans les individus* : « Pratiquement, la doctrine qui place la force motrice de la Société non dans la généralité des hommes et dans leur organisation propre, mais dans les législateurs et les gouvernements, a des conséquences plus déplorables encore. Elle tend à faire peser sur le gouverne-ment une responsabilité écrasante qui ne lui revient pas. S'il y a des souffrances, c'est la faute du gouvernement ; s'il y a des pauvres, c'est la faute du gouvernement. N'est-il pas le mo-teur universel ? Si ce moteur n'est pas bon, il faut le briser, et en choisir un autre. » VI, p.634

— *Les arrangements volontaires sont supérieurs à l'organisation forcée* : « Qu'avons-nous donc besoin qu'un socialiste, sous prétexte d'organisation, vienne despotiquement détruire nos arran-gements volontaires, arrêter la division du travail, substituer les efforts isolés aux efforts associés et faire reculer la civili-sation ? » V, p.362

— *Ne pas demander à l'État, ce n'est pas ne pas vouloir de quelque chose, mais c'est préférer l'initiative individuelle en la matière* : « Et parce que nous ne demandons pas tant à la Loi, parce que nous n'exigeons d'elle que Justice, il suppose que nous re-poussons la fraternité, la solidarité, l'organisation, l'asso-ciation, et nous jette à la face l'épithète d'*individualistes*. Qu'il sache donc que ce que nous repoussons, ce n'est pas l'orga-nisation naturelle, mais l'organisation forcée. Ce n'est pas l'association libre, mais les formes d'association qu'il prétend nous imposer. Ce n'est pas la fraternité spontanée, mais la fraternité légale. Ce n'est pas la solidarité providentielle, mais la solidarité artificielle, qui n'est qu'un déplacement injuste de Responsabilité. » IV, p.362 — « Chaque fois que nous ne voulons pas qu'une chose soit faite par le Gouvernement, il en conclut que nous ne voulons pas que cette chose soit faite du tout. Nous repoussons l'instruction par l'État ; donc nous ne voulons pas d'instruction. Nous repoussons une religion d'État ; donc nous ne voulons pas de religion. Nous repoussons l'égalisation par l'État ; donc nous ne voulons pas d'égalité, etc. C'est comme s'il nous accusait de ne vouloir pas que les hommes mangent, parce que nous repoussons la culture du blé par l'État. » IV, p.363

INTÉRÊT DE L'ARGENT

— *Heureusement que la mentalité de l'Église sur la question ne s'est pas imposée* : « Il peut arriver, même dans la vraie religion, que des actes innocents soient défendus sous l'autorité de Dieu. Par exemple, prélever un intérêt a été déclaré un péché. Si l'humanité s'était conformée à cette prohibition, il y a longtemps qu'elle aurait disparu du globe. Car, sans l'intérêt, il n'y a pas de capital possible ; sans le capital, il n'y a pas de concours du travail antérieur avec le travail actuel ; sans ce concours, il n'y a pas de société ; et sans société, il n'y a pas d'homme. » VI, p.607

— *Sa légitimité* : « 1° La légitimité de l'intérêt repose sur ce fait : *Celui qui accorde terme rend service.* Donc l'intérêt est légitime, en vertu du principe *Service pour service.* » VI, p.236

— *Heureusement qu'il est légitime* : « Vraiment, il est heureux pour l'humanité que l'*Intérêt* soit légitime. Sans cela elle serait, elle aussi, placée dans une rude alternative : Périr en restant juste, ou progresser par l'injustice. » VI, p.239

INTÉRÊT PERSONNEL

— *C'est un élément naturel et indestructible* : « L'intérêt est un mobile individuel indestructible et un ressort social nécessaire. » II, p.342 — « L'aspiration vers la richesse est immense, incessante, universelle, indomptable ; elle a triomphé sur presque tout le globe de notre native aversion pour le travail ; elle se manifeste, quoi qu'on en dise, avec un caractère de basse avidité plus encore chez les sauvages et les barbares que chez les peuples civilisés. Tous les navigateurs qui sont partis d'Europe, au XVIIIe siècle, imbus de ces idées mises en vogue par Rousseau, qu'ils allaient rencontrer aux Antipodes l'homme de la nature, l'homme désintéressé, généreux, hospitalier, ont été frappés de la rapacité dont ces hommes primitifs étaient dévorés. » VI, p.224

— *Le sentiment de l'intérêt personnel est la source des progrès* : « Le sentiment de la personnalité, l'amour du moi, l'instinct de la conservation, le désir indestructible que l'homme porte en lui-même de se développer, d'accroître la sphère de son action, d'augmenter son influence, l'aspiration vers le bonheur, en un mot, l'individualité me semble être le point de départ, le mobile, le ressort universel auquel la Providence a confié le progrès de l'humanité. » VII, p.335

— *Les intérêts personnels ne sont pas antagoniques* : « L'intérêt personnel tend à la perfectibilité des individus et par conséquent des masses, qui ne se composent que d'individus. Vainement dira-t-on que l'intérêt d'un homme est en opposition avec celui d'un autre ; selon moi c'est une erreur grave et anti-sociale. » I, p.11 — Cf. HARMONIE

— *Chacun, travaillant pour soi, travaille pour tous* : « Examinez la Société telle qu'elle est, obéissant en matière de services rémunérables au principe individualiste, et vous vous assurerez que chacun, en travaillant *pour soi*, travaille en effet *pour tous*. En fait, cela ne peut pas être contesté. Si celui qui lit ces lignes exerce une profession ou un métier, je le supplie de tourner un moment ses regards sur lui-même. Je lui demande si tous ses travaux n'ont pas pour objet la satisfaction d'autrui, et si d'un autre côté, ce n'est pas au travail d'autrui qu'il doit toutes ses satisfactions. » VI, p.419-420

— *L'axiome chacun pour soi* : « Si l'axiome *chacun pour soi* est entendu dans ce sens qu'il doit diriger toutes nos pensées, tous nos actes, toutes nos relations, qu'on doit le trouver au fond de toutes nos affections de père, de fils, de frère, d'époux, d'ami, de citoyen, ou plutôt qu'il doit étouffer toutes ces affections ; il est affreux, il est horrible, et je ne crois pas qu'il y ait sur la terre un seul homme, en fît-il la règle de sa propre conduite, qui ose le proclamer en théorie. » VI, p.422

INTERVENTIONNISME MILITAIRE

— *L'État devrait prononcer sa non-intervention étrangère et dire* : « L'armée va être réduite à ce qui est nécessaire pour garantir l'indépendance du pays, et du même coup, toutes les nations pourront compter désormais, en ce qui nous concerne, sur leur indépendance. Qu'elles réalisent leurs réformes comme elles l'entendront ; qu'elles n'entreprennent que ce qu'elles peuvent accomplir. Nous leur faisons savoir hautement et définitivement qu'aucun des partis qui les divisent n'ont plus à compter sur le concours de nos baïonnettes. Que dis-je ? ils n'ont pas même besoin de nos protestations, car ces baïonnettes vont rentrer dans le fourreau, ou plutôt, pour plus de sûreté, se convertir en charrues. » V, p.466 — Cf. IMPÉRIALISME

— *Bastiat opposé à l'intervention militaire à l'étranger* : « 1° Affaire d'Italie. — Comme la montagne, j'ai repoussé l'ordre du jour qui pousse à une invasion dans le Piémont, mais par un motif opposé. La Montagne ne trouvait pas cet ordre du jour assez belliqueux ; je le trouvais trop. Vous savez que je suis contre l'intervention : cela explique mon vote. » VII, p.398

~ J ~

JACQUES BONHOMME (JOURNAL)

— *Il fut créé pour éclairer les masses* : « Convaincu qu'il ne suffisait pas de voter, mais qu'il fallait éclairer les masses, je fondai un autre journal qui aspirait à parler le simple langage du bon sens, et que, par ce motif, j'intitulai *Jacques Bonhomme*. » VII, p.258

JOURNAL DES ÉCONOMISTES

— *Déceptions de Bastiat à son endroit* : « Cette revue ne me satisfait pas complètement ; je regrette maintenant de n'en avoir pas pris la direction. » I, p.166

JOURNALISME

— *Il trompe le public* : « Je crois sincèrement que le journalisme trompe le public ; je crois sincèrement en savoir la cause, et, advienne que pourra, ma conscience me dit que je ne dois pas me taire. » III, p.59

— *La presse de province suit aveuglément la presse parisienne* : « Combien il serait à désirer que la presse départementale sût se soustraire en France au despotisme de la presse parisienne ; et quel immense service rendraient les journaux de province s'ils se consacraient à étudier les questions *en elles-mêmes*, s'ils démasquaient leurs confrères de Paris, toujours disposés et même intéressés à transformer les plus graves questions en machines de guerre parlementaire ! » III, p.381

JUSTICE

— *Définition* : « Quand aucune violence, aucune restriction, aucune fraude ne vient altérer l'équivalence des services, on peut dire que la *justice* règne. » VI, p.535

— *Elle est ce qu'il faut dans la loi* : « À quelque point de vue que je considère la loi humaine, je ne vois pas qu'on puisse raisonnablement lui demander autre chose que la Justice. » IV, p.316 — « La Loi, c'est la force commune organisée pour faire obstacle à l'Injustice, — et pour abréger, LA LOI, C'EST LA JUSTICE. » VI, p.387

— *Elle forme le fond du programme politique de Bastiat* : « — Si l'on vous dit : Que faut-il donc faire ? Répondez : Être juste envers tout le monde. » IV, p.252 — « On a beau dire et beau faire. Il n'y a qu'une bonne politique : c'est celle de la *Justice*. » II, p.43

— *La liberté, c'est la justice* : « Quant à moi, je ne puis séparer dans ma pensée l'idée de *liberté* de celle de *justice*. » VII, p.140 — « La justice est dans la liberté du travail et de l'échange. » II, p.326

— *C'est la seule chose qu'on a le droit d'imposer par la force* : « La question revient donc à ceci : Quelles sont les choses que les hommes ont le droit de s'imposer les uns aux autres par la force ? Or je n'en sais qu'une dans ce cas, c'est la justice. Je n'ai pas le droit de forcer qui que ce soit à être religieux, charitable, instruit, laborieux ; mais j'ai le droit de le forcer à être juste ; c'est le cas de légitime défense. » VI, p.18-19

~ L ~

LAISSER FAIRE

— *Ce que veut dire cette formule* : « Quand nous disons : *laissez faire,* apparemment nous entendons dire : *laissez agir ces lois,* et non pas : *laissez troubler ces lois.* Selon qu'on s'y conforme ou qu'on les viole, le bien ou le mal se produisent ; en d'autres termes, les intérêts sont harmoniques, pourvu que chacun reste dans son droit, pourvu que les services s'échangent librement, volontairement, contre les services. » VI, p.260

— *C'est le principe des économistes* : « Axiome Économiste : Laissez faire, laissez passer. » IV, p.418

— *Ce qu'il est et ce qu'il n'est pas* : « Il est de mode aujourd'hui de rire du *laissez faire.* Nous ne disons pas que les gouvernements doivent tout *laisser faire.* Bien loin de là, nous les croyons institués précisément pour *empêcher de faire* certaines choses, et entre autres pour empêcher que Jacques ne prenne dans la poche de Jean. Que dire donc d'une loi qui *laisse faire,* bien plus, qui *oblige de faire* la chose même qu'elle a pour mission à peu près exclusive d'empêcher ? » II, p.70

— *Un environnement de laissez-faire est propice à l'énergie individuelle* : « Si nous conseillons le *laissez faire,* ce n'est point parce qu'on ne *fera pas,* mais parce qu'on *fera plus et mieux.* » II, p.76

— *Le laissez-faire s'imposera* : « Laissez-faire... Le mot n'est pas à la mode. Il est un peu *collet monté.* Mais les modes ont leur retour, et quoiqu'il soit téméraire de prophétiser, j'ose prédire qu'avant dix ans[1], il sera la devise et le cri de ralliement de tous les hommes intelligents de mon pays. » VII, p.24-25

LÉGITIME DÉFENSE

— *Il faut garantir ce droit* : « Le droit de celui dont on attaque la liberté, ou, ce qui revient au même, la propriété, les facultés, le travail, est de les défendre *même par la force* ; et c'est ce que font tous les hommes, partout et toujours quand ils le peuvent. » VI, p.552 — « On ne peut contester aux individualités, le *droit de légitime défense*, le droit d'employer la force au besoin pour repousser les atteintes dirigées contre leurs personnes, leurs facultés et leurs biens. » IV, p.525

LIBERTÉ

— *Sa définition* : « Et qu'est-ce que la Liberté, ce mot qui a la puissance de faire battre tous les cœurs et d'agiter le monde, si ce n'est l'ensemble de toutes les libertés, liberté de conscience, d'enseignement, d'association, de presse, de locomotion, de travail, d'échange ; en d'autres termes, le franc exercice, pour tous, de toutes les facultés inoffensives ; en d'autres termes encore, la destruction de tous les despotismes, même le despotisme légal, et la réduction de la Loi à sa seule attribution rationnelle, qui est de régulariser le Droit individuel de légitime défense ou de réprimer l'injustice. » IV, p.375-376 — « La liberté n'est donc autre chose que la propriété de soi-même, de ses facultés, de ses œuvres. » II, p.318

— *Dieu a créé l'homme libre et sensible* : « Quels qu'aient été les desseins de Dieu, ce qui est un fait positif, que la science humaine peut prendre pour point de départ, c'est que

---

[1] Ceci fut écrit vers 1845. (*note de l'éditeur*)

l'homme a été créé *sensible* et *libre*. Cela est si vrai, que je défie ceux que cela étonne de concevoir un être vivant, pensant, voulant, aimant, agissant, quelque chose enfin ressemblant à l'homme, et destitué de sensibilité ou de libre arbitre. » VI, p.627 — « Quiconque repousse la liberté n'a pas foi dans l'humanité. » VI, p.42

— *Dans toutes les questions, la solution que préconise Bastiat est la liberté* : « Quelque question que je soumette au raisonnement, qu'elle soit religieuse, philosophique, politique, économique ; qu'il s'agisse de bien-être, de moralité, d'égalité, de droit, de justice, de progrès, de responsabilité, de solidarité, de propriété, de travail, d'échange, de capital, de salaires, d'impôts, de population, de crédit, de gouvernement ; à quelque point de l'horizon scientifique que je place le point de départ de mes recherches, toujours invariablement j'aboutis à ceci : la solution du problème social est dans la Liberté. » IV, p.391 — « Nous avons tous une idée chérie, un dada, en style shandyen. Mon idée chérie, pourquoi ne l'avouerais-je pas ? c'est la LIBERTÉ. » V, p.431 — « Pour moi, qui l'aimai toujours par instinct, je la défendrai toujours par raison. » IV, p.419 — Cf. BASTIAT, FRÉDÉRIC

— *En France, on n'aime pas la liberté* : « En France on n'aime pas la Liberté ; on n'aime pas à se sentir responsable de soi-même, on n'a pas confiance en sa propre énergie, on n'est un peu rassuré que lorsqu'on sent de toutes parts l'impression des lisières gouvernementales. » V, p.442 — « Je sais combien il est de mode aujourd'hui de maudire la liberté. » IV, p.419 — « Il est de mode aujourd'hui de traiter du haut en bas la liberté et le libéralisme. » II, p.148

— *Nécessité de lutter contre les préjugés pour l'introduire en France* : « Mais de tous les obstacles, le plus puissant, c'est l'ignorance du pays en matière économique. » II, p.64

— *Bastiat est libéral parce que la liberté est bonne et efficace* : « Puisqu'il serait puéril d'adhérer à la liberté, non parce qu'elle est la vraie condition de l'ordre et du bonheur social, mais par un platonique amour pour la liberté elle-même, abstraction faite des résultats qu'il est dans sa nature de produire. » I, p.414

— *Bien la connaitre permet de ne pas sombrer face aux sophismes protectionnistes* : « Quand on ne s'est pas familiarisé de longue main avec la doctrine de la liberté, les sophismes de la protection reviennent sans cesse à l'esprit sous une forme ou sous une autre. » IV, p.2

— *C'est la donnée centrale de tous les débats* : « La question est toujours de savoir ce qui vaut mieux de la liberté, ou de l'absence de liberté. » III, p.371

— *C'est un bien qu'il faut donner à tous* : « On réclame le privilège pour quelques-uns ; je viens réclamer la liberté pour tous. » I, p.232 — « Liberté à tous ! à chacun juste et naturelle rémunération de ses œuvres ! à chacun juste et naturelle accession à l'égalité en proportion de ses efforts, de son intelligence, de sa prévoyance et de sa moralité. Libre-échange avec l'univers ! Paix avec l'univers ! Plus d'asservissement colonial, plus d'armée, plus de marine que ce qui est nécessaire pour le maintien de l'indépendance nationale ! Distinction radicale de ce qui est et de ce qui n'est pas la mission du gouvernement et de la loi ! L'association politique réduite à garantir à chacun sa liberté et sa sûreté contre toute agression inique, soit du dehors, soit au-dedans ; impôt équitable pour défrayer convenablement les hommes chargés de cette mission, et non pour servir de masque, sous le nom de *débouchés*, à l'usurpation extérieure, et sous le nom de *protection*, à la spoliation des citoyens les uns par les autres : voilà ce qui s'agite en Angleterre, sur le champ de bataille, en apparence si restreint, d'une question douanière. » III, p.57-58 — « La liberté commerciale, comme les autres, est la cause du peuple. » II, p.132 — Cf. PROGRAMME

— *La doctrine de la liberté a tout pour plaire à tous* : « Parmi ces myriades de doctrines, il en est une seule, — je n'ai pas besoin de dire que c'est la mienne, — qui aurait le droit de réunir l'assentiment commun. Pourquoi aurait-elle seule ce privilège ? Parce que c'est la doctrine de la Liberté, parce qu'elle est tolérante et juste pour toutes les autres. Fondez un phalanstère, si cela vous plaît ; — réunissez-vous en atelier social, si tel est votre bon plaisir ; discutez la Constitution tant qu'il vous plaira ; manifestez ouvertement vos préférences pour la république ou la monarchie ; allez à confesse, si le cœur vous y porte ; en un mot, usez de tous les droits de l'individu : pourvu que vous respectiez ces mêmes droits en autrui, je me tiens pour satisfait ; et, telle est ma conviction, la société, pour être juste, ordonnée et progressive, n'a pas autre chose à vous demander. » VII, p.363

— *Elle est incompatible avec de lourds impôts* : « Je dis qu'il y a incompatibilité radicale entre un impôt exagéré et la liberté. » V, p.487.

— *Liberté et contrainte sont inconciliables* : « On a beau aimer la conciliation, il est deux principes qu'on ne saurait concilier : la Liberté et la Contrainte. » VI, p.18

— *Elle est mise à mal par l'intervention excessive de l'État* : « Or, que peut-il exister de liberté là où, pour soutenir d'énormes dépenses, le gouvernement, forcé de prélever d'énormes tributs, se voit réduit à recourir aux contributions les plus vexatoires, aux monopoles les plus injustes, aux exactions les plus odieuses, à envahir le domaine des industries privées, à rétrécir sans cesse le cercle de l'activité individuelle, à se faire marchand, fabricant, courrier, professeur, et non seulement à mettre à très haut prix ses services, mais encore à éloigner, par l'aspect des châtiments destinés au crime, toute concurrence qui menacerait de diminuer ses profits ? Sommes-nous libres si le gouvernement épie tous nos mouvements pour les taxer, soumet toutes les actions aux recherches des employés, entrave toutes les entreprises, enchaîne toutes les facultés, s'interpose entre tous les échanges pour gêner les uns, empêcher les autres et les rançonner presque tous ? » I, p.224

— *Il y a des pays où l'homme n'est libre de rien* : « Il y a des pays où le travail ne mène pas à grand'chose. Le peu qu'on gagne, il faut le partager avec le fisc. Pour vous arracher le fruit de vos sueurs, ce qu'on nomme l'État vous enlace d'une multitude d'entraves. Il intervient dans tous vos actes, il se mêle de toutes vos transactions ; il régente votre intelligence et votre foi ; il déplace tous les intérêts, et met chacun dans une position artificielle et précaire ; il énerve l'activité et l'énergie individuelle en s'emparant de la direction de toutes choses ; il fait retomber la responsabilité des actions sur ceux à qui elle ne revient pas ; en sorte que, peu à peu, la notion du juste et de l'injuste s'efface ; il engage la nation, par sa diplomatie, dans toutes les querelles du monde, et puis il y fait intervenir la marine et l'armée ; il fausse autant qu'il est en lui l'intelligence des masses sur les questions économiques, car il a besoin de leur faire croire que ses folles dépenses, ses injustes agressions, ses conquêtes, ses colonies, sont pour elles une source de richesses. Dans ces pays le capital a beaucoup de peine à se former par les voies naturelles. Ce à quoi l'on aspire surtout, c'est à le soutirer par la force et par la ruse à ceux qui l'ont crée. Là, on voit les hommes s'enrichir par la guerre, les fonctions publiques, le jeu, les fournitures, l'agiotage, les fraudes commerciales, les entreprises hasardées, les marchés publics, etc. Les qualités requises pour arracher ainsi le capital aux mains de ceux qui le forment sont précisément l'opposé de celles qui sont nécessaires pour le former. » VI, p.253

— *Il est temps de l'essayer* : « On a essayé tant de choses, quand est-ce donc qu'on essayera la plus simple de toutes : la Liberté ? La liberté de tous les actes qui ne blessent pas la justice ; la liberté de vivre, de se développer, de se perfectionner ; le libre exercice des facultés ; le libre échange des services. » VI, p.125 — « Un beau jour on s'est dit : Nous avons essayé bien des systèmes, trente-sept statuts ont été faits ; essayons si nous pourrons réussir par un moyen bien simple, la justice et la liberté. — Je voudrais que l'on appliquât ce raisonnement dans bien des questions, et l'on trouverait que leur solution n'est pas si difficile qu'on le pense. » V, p.505

— *Il faut la conserver, sans quoi tout disparait* : « Malheur donc aux peuples qui ne savent pas limiter la sphère d'action de l'État. Liberté, activité privée, richesse, bien-être, indépendance, dignité, tout y passera. » IV, p.141

— *Il faut la fixer comme principe de la politique intérieure* : « Il ne nous reste qu'à proclamer, comme principe de notre politique intérieure, LA LIBERTÉ, la liberté des arts, des sciences, de l'agriculture, de l'industrie, du travail, de l'échange, de la presse, de l'enseignement ; car la liberté est le seul système compatible avec un budget réduit. Il faut de l'argent à l'État pour réglementer et opprimer. Point d'argent, point de réglementation. » V, p.465

— *Il faut laisser libre car les hommes sont capables de se diriger* : « À cela les socialistes disent : Laissez faire ! mais c'est une horreur ! — Et pourquoi, s'il vous plaît? — Parce que, quand on les laisse faire, les hommes font mal et agissent contre leurs intérêts. Il est bon que l'État les dirige. Voilà qui est plaisant. Quoi ! vous avez une telle foi dans la sagacité humaine que vous voulez le *suffrage universel* et le gouvernement *de tous par tous* ; et puis, ces mêmes hommes que vous jugez aptes à gouverner les autres, vous les proclamez inaptes à se gouverner eux-mêmes ! » VII, p.237 — « Si un ange, un être infaillible, était envoyé pour gouverner la terre, il pourrait dire à chacun comment on doit s'y prendre pour que tout effort soit suivi de la plus grande récompense possible. Cela n'étant pas, il faut se confier à la LIBERTÉ. » II, p.412

— *L'homme devrait être maître et responsable de lui-même* : « Je voudrais que chaque homme eût, sous sa responsabilité, la libre disposition, administration et contrôle de sa propre personne, de ses actes, de sa famille, de ses transactions, de ses associations, de son intelligence, de ses facultés, de son travail, de son capital et de sa propriété. » V, p.514

— *Le libre arbitre implique l'erreur* : « Le libre arbitre implique l'erreur comme possible, et à son tour l'erreur implique la souffrance comme son effet inévitable. Je défie qu'on me dise ce que c'est que *choisir librement,* si ce n'est courir la chance de faire un mauvais choix ; et ce que c'est que faire un mauvais choix, si ce n'est se préparer une peine. » VI, p.598 — « La société a pour élément l'homme qui est une force libre. Puisque l'homme est libre, il peut choisir ; puisqu'il peut choisir, il peut se tromper ; puisqu'il peut se tromper, il peut souffrir. » VI, p.13 — « Le libre arbitre, noble apanage de l'homme, ou la *liberté de choisir,* implique la possibilité de faire un mauvais choix. L'erreur entraîne des conséquences funestes, et celles-ci sont le plus dur mais le plus efficace des enseignements. Ainsi nous arrivons toujours, à la longue, dans la bonne voie. Si la Prévoyance ne nous y a mis, l'Expérience est là pour nous y ramener. » III, p.447

— *Les différentes libertés qu'il faudrait obtenir* : « Ainsi il serait à souhaiter qu'il n'y eût qu'une foi dans le monde, pourvu que ce fût la vraie. Mais où est l'autorité infaillible qui nous l'imposera ? En attendant qu'elle se montre, maintenons la *liberté d'examen et de conscience.* Il serait heureux que le meilleur mode d'enseignement fût universellement adopté. Mais qui le possède, et où est son titre ? Réclamons donc la *liberté d'enseignement.* On peut s'affliger de voir des écrivains se complaire à remuer toutes les mauvaises passions. Mais entraver la presse, c'est entraver la vérité aussi bien que le mensonge. Ne laissons donc jamais périr la *liberté de la presse.* C'est une chose fâcheuse que l'homme soit réduit à gagner son pain à la sueur de son front. Il vaudrait mieux que l'État nourrît tout le monde ; mais c'est impossible. Ayons du moins la *liberté du travail.* En s'associant, les hommes peuvent tirer un plus grand parti de leurs forces. Mais les formes de l'association sont infinies ; quelle est la meilleure ? Ne courons pas la chance que l'État nous impose la plus mauvaise, cherchons à tâtons la bonne et réclamons la *liberté d'association.* Un peuple a deux manières de se procurer une chose : la première, c'est de la faire ; la seconde, c'est d'en faire une autre et de la troquer. Il vaut certainement mieux avoir l'option que de ne l'avoir pas. Exigeons donc la *liberté de l'échange.* » VII, p.236 — Cf. PROGRAMME

— *Il faut toujours supposer en faveur de la liberté* : « La liberté est toujours censée bonne jusqu'à preuve contraire. » IV, p.164

— *Il n'y a pas de milieu entre liberté et non-liberté* : « Entre Liberté et Contrainte je ne vois pas de milieu. » V, p.61

— *Pourquoi elle n'a pas de défenseur* : « Comment est-il arrivé que parmi ce nombre incalculable de journaux qui représentent tous les systèmes, même les plus excentriques, que l'imagination puisse enfanter, alors que le socialisme, le communisme, l'abolition de l'hérédité, de la propriété, de la famille trouvent des organes, le droit d'échanger, le droit des hommes à troquer entre eux le fruit de leurs travaux n'ait pas rencontré dans la presse un seul défenseur ? Quel étrange concours de circonstances a amené les journaux de toutes couleurs, si divers et si opposés sur toute autre question, à se constituer, avec une touchante unanimité, les défenseurs du monopole, et les instigateurs infatigables des jalousies nationales, à l'aide desquelles il se maintient, se renforce et gagne tous les jours du terrain ? » III, p.61-62

— *Besoin de savoir utiliser les institutions libérales* : « Un peuple n'est pas libre par cela seul qu'il possède des institutions libérales ; il faut encore qu'il sache les mettre en œuvre. » I, p.217

LIBERTÉ D'ASSOCIATION

— *Vote de Bastiat sur la suppression des clubs* : « Jamais vote ne m'a plus coûté que celui que j'ai émis hier. Vous savez que j'ai été toujours pour la *liberté sauf la répression des abus.* J'avoue qu'en face des clubs ce principe m'a paru devoir fléchir. Quand je considère la frayeur qu'ils inspirent à tous les gens tranquilles, les souvenirs qu'ils réveillent, etc., etc., je me dis que ceux qui aiment sincèrement la République devraient comprendre qu'il faut la faire aimer. C'est la compromettre que de vouloir imposer forcément au pays une institution ou même une liberté qui l'épouvante. J'ai donc voté pour la suppression des clubs. » VII, p.393 — « Vous me dites que mon vote sur cette loi m'a réconcilié quelque peu avec les électeurs. Eh bien ! je dois vous annoncer que ce vote est le seul que j'aie sur la conscience, car il est contraire à tous mes principes ; et si j'avais eu quelques minutes de réflexion calme, je ne l'aurais certes pas émis. Ce qui me détermina, c'est ceci. Je disais à mes voisins : Si nous voulons que la République se maintienne, il faut la faire aimer, il ne faut pas la rendre redoutable. Le pays a peur des clubs, il en a horreur ; sachons les sacrifier. — La suite de la loi a prouvé qu'il eût mieux valu adhérer aux principes, accorder tous les moyens de répression possibles, mais ne pas supprimer la liberté. Cette loi ne fait autre chose qu'organiser les sociétés secrètes. » VII, p.398

LIBRE-ÉCHANGE

— *La question de la liberté du commerce est centrale* : « La question de la liberté du commerce touche à tous les grands problèmes de la science économique : distribution des richesses, paupérisme, colonies, et à un grand nombre de difficultés politiques ; car c'est le monopole qui sert de base à l'influence aristocratique, à la prépondérance de l'Église établie, au système de conquêtes et d'envahissements qui a prévalu dans les conseils de la Grande-Bretagne, au développement exagéré de forces navales que cette politique exige, enfin à la haine et à la méfiance des peuples qu'elle ne peut manquer de susciter. » I, p.362 — « Le libre-échange est non seulement une grande réforme, mais c'est la source obligée de toutes les réformes financières et contributives. » II, p.269

— *La liberté des échanges doit se réclamer comme un droit de l'homme* : « Plus que jamais nous persistons à réclamer la liberté de l'échange, qui implique la liberté et le bon choix du travail, non comme une bonne police seulement, mais comme *un droit*. » II, p.69 — « Selon moi, celui qui a créé un produit doit avoir la faculté de l'*échanger* comme de s'en servir. L'échange est donc partie intégrante du droit de propriété. Or, nous n'avons pas institué et nous ne payons pas une force publique pour nous priver de ce droit, mais au contraire pour nous le garantir dans toute son intégrité. » I, p.472 — « L'ÉCHANGE est un droit naturel comme la PROPRIÉTÉ. Tout citoyen, qui a créé ou acquis un produit, doit avoir l'option ou de l'appliquer immédiatement à son usage, ou de le céder à quiconque, sur la surface du globe, consent à lui donner en échange l'objet de ses désirs. Le priver de cette faculté, quand il n'en fait aucun usage contraire à l'ordre public et aux bonnes mœurs, et uniquement pour satisfaire la convenance d'un autre citoyen, c'est légitimer une spoliation, c'est blesser la loi de la justice. » II, p.1-2

— *La liberté d'échanger est un droit primordial pour l'ouvrier* : « Le dernier des manœuvres a plus le droit d'échanger, à la fin de sa journée, son chétif salaire contre du pain étranger, que vous n'avez celui de l'en empêcher pour votre avantage. Si vous le faites, c'est de l'oppression dans toute la force du mot ; c'est de la spoliation légale, la pire de toutes. » II, p.67-68 — Cf. SPOLIATION

— *La liberté des échanges, c'est surtout plus de bien-être pour les malheureux* : « Je ferai remarquer ici que vous affaiblissez considérablement, dans l'expression, les effets de l'échange *supposé bon*. Il ne s'agit pas de trente, de cinquante millions ; il s'agit de plus de pain pour ceux qui ont faim, de plus de vêtements pour ceux qui ont froid, de plus de loisirs pour ceux que la fatigue accable, de plus de ces joies domestiques que l'aisance introduit dans les familles, de plus d'instruction et de dignité personnelle, d'un avenir mieux assuré, etc. Voilà ce qu'il faut entendre par les biens matériels qui vous paraissent si secondaires. » VII, p.155 — « Quand nous avons entrepris de défendre la cause de la liberté des échanges, nous avons cru et nous croyons encore travailler principalement dans l'intérêt des classes laborieuses, c'est-à-dire de la démocratie, puisque ces classes forment l'immense majorité de la population. » II, p.93-94 — « Quand nous demandons la liberté du commerce, ce n'est pas en faveur du négociant, mais du consommateur ; c'est pour que le peuple se chauffe et mange de la viande à meilleur marché. » VII, p.203

— *La thèse du libre-échange est inaudible en France* : « La liberté, en matière d'échanges, est considérée chez nous comme une utopie ou quelque chose de pis. On accorde bien, abstraitement, la vérité du principe ; on veut bien reconnaître qu'il figure convenablement dans un ouvrage de théorie. Mais on s'arrête là. » III, p.1 — « Que nous sert d'avoir mille fois raison, si nous ne pouvons nous faire entendre ? La tactique des protectionnistes, bien secondés par les journaux, est de nous laisser avoir raison tout seuls. » I, p.168 — « Quand nous avons entrepris d'appeler l'attention de nos concitoyens sur la question de la liberté commerciale, nous n'avons pas pensé ni pu penser que nous nous faisions les organes d'une opinion en majorité dans le pays, et qu'il ne s'agit pour nous que d'enfoncer une porte ouverte. » III, p.457 — « Je ne sache pas que la *liberté des échanges,* comme principe, ait à la Chambre, je ne dis pas la majorité, mais même une minorité quelconque, et je ne lui connais pas un seul défenseur, je dis *un seul,* dans l'enceinte où se font les lois. » VII, p.37 — Cf. ASSEMBLÉE

— *Bastiat est surtout libre-échangiste en raison de préoccupations morales* : « On croit que, lorsque nous réclamons le libre-échange, nous sommes mus uniquement par le désir de laisser au travail et aux capitaux la faculté de prendre leur direction la plus avantageuse. On se trompe : cette considération n'est pour nous que secondaire ; ce qui nous blesse, ce qui nous afflige, ce qui nous épouvante dans le régime protecteur, c'est qu'il est la négation du droit, de la justice, de la propriété ; c'est qu'il tourne, contre la propriété et la justice, la Loi qui devait les garantir ; c'est qu'il bouleverse ainsi et pervertit les conditions d'existence de la société. » V, p.9

— *Il n'est pas la solution de tous les maux* : « On nous dit sans cesse que le libre-échange ne donne pas la clef du grand problème de l'humanité. Il n'a pas cette prétention. Il ne s'annonce pas comme devant panser toutes les plaies, guérir tous les maux, dissiper tous les préjugés, fonder à lui seul le règne de l'égalité et de la justice parmi les hommes, et ne laisser, après lui, rien à faire à l'humanité. » II, p.275

— *La défense du libre-échange est par nature internationaliste* : « La cause que nous servons ne se renferme pas dans les limites d'une nation. Elle est universelle et ne trouvera sa solution que dans l'adhésion de tous les peuples. » I, p.166

— *Les pays pauvres ont le plus à gagner au libre-échange* : « Je dis, et je le pense très sincèrement, que, si deux pays se trouvent placés dans des conditions de production inégales, *c'est celui des deux qui est le moins favorisé de la nature qui a le plus à gagner à la liberté des échanges.* » IV, p.36 — « A est un pays favorisé, B est un pays maltraité de la nature. Je dis que l'échange est avantageux à tous deux, mais surtout à B, parce que l'échange ne consiste pas en *utilités* contre *utilités*, mais en *valeur* contre *valeur.* » IV, p.44

— *Si l'étranger paie moins d'impôts que nous, c'est une raison de plus d'ouvrir en grand nos frontières* : « Mais je vais bien plus loin : je dis que, plus nos impôts sont lourds, plus nous devons nous empresser d'ouvrir nos ports et nos frontières à l'étranger moins grevé que nous. Et pourquoi ? Pour lui repasser une plus grande partie de notre fardeau. N'est-ce point un axiome incontestable en économie politique, que les impôts, à la longue, retombent sur le consommateur ? Plus donc nos échanges seront multipliés, plus les consommateurs étrangers nous rembourseront de taxes incorporées dans les produits que nous leur vendrons. » IV, p.51

— *Une transition n'est pas nécessaire avant d'établir le libre-échange* : « L'immense majorité de nos collègues pense que cette per- turbation sera d'autant plus amoindrie que la transition sera plus lente. Quelques-uns, et je dois dire que je suis du nombre, croient que la réforme la plus subite, la plus instantanée, la plus générale, serait en même temps la moins douloureuse. » II, p.253 — « La question pour nous n'est pas de savoir combien de kilomètres la réforme fera à l'heure ; la seule chose qui nous occupe, c'est de décider l'opinion publique à prendre la route de la liberté au lieu de prendre celle de la restriction. » II, p.253

— *C'est l'opinion publique qui le fera triompher* : « Selon nous, dans le siècle où nous sommes, le libre-échange, comme toutes les grandes choses, est un fruit qui mûrit dans les régions populaires de l'opinion publique et non dans les palais des rois. » VII, p.168 — « Le libre-échange pourrait être obtenu par surprise, par un engouement momentané de l'opinion publique, en dehors de convictions générales et bien arrêtées. Il pourrait aussi s'introduire dans la législation sous la pression de circonstances extraordinaires. Mais alors l'esprit du monopole survivrait au monopole. Le principe exclusif dominerait encore les intelligences et menacerait le monde d'autant de maux que s'il régnait encore dans nos lois. » VII, p.192 — « Tout ce que nous voulons, c'est faire comprendre à l'opinion que le principe de la liberté est juste, vrai et avantageux, — et que celui de la restriction est inique, faux et nuisible. » II, p.252 — « Je diffère de bien d'autres en ceci que *je ne me crois pas infaillible* ; je suis tellement frappé de l'infirmité native de la raison individuelle que je ne cherche ni ne chercherai jamais à imposer mes systèmes. Je les expose, les développe, et, pour la réalisation, j'attends que la raison publique se prononce. S'ils sont justes, ce temps arrivera certainement ; s'ils sont erronés, ils mourront avant moi. J'ai toujours pensé qu'aucune réforme ne pouvait être considérée comme mûre, ayant de profondes racines, en un mot, comme utile, que lorsqu'un long débat lui avait concilié l'opinion des masses. C'est sur ce principe que j'ai agi relativement à la liberté commerciale. Je ne me suis pas adressé au pouvoir, mais au public et me suis efforcé de le ramener à mon avis. Je considérerais la liberté commerciale comme un présent funeste si elle était décrétée avant que la raison publique la réclame. Je vous jure sur mon honneur que si j'étais sorti des barricades membre du gouvernement provisoire, avec une dictature illimitée, je n'en aurais pas profité, à l'exemple de Louis Blanc, pour imposer à mes concitoyens mes vues personnelles. La raison en est simple : c'est qu'à mes yeux une réforme ainsi introduite par surprise n'a aucun fondement solide et succombe à la première occasion. Il en est de même de la question que vous me proposez. » VII, p.353 — « La liberté commerciale aura probablement le sort de toutes les libertés, elle ne s'introduira dans nos lois qu'après avoir pris possession de nos esprits. » I, p.231 — « Prenez garde ! ce n'est pas le ministre qui décidera la réforme. Ce n'est pas la Chambre, ce ne sont pas même les trois pouvoirs ; c'est l'*opinion*. Et êtes-vous prêts pour le combat ? avez-vous tout préparé ? avez-vous un organe avoué et dévoué ? vous êtes-vous occupés des moyens d'agir sur l'esprit public ? de faire comprendre aux masses comment on les exploite ? disposez-vous d'une force morale que vous puissiez apporter à ce ministère, ou à tout autre, qui osera toucher à l'arche du privilège ? Prenez garde ! le monopole ne s'endort pas. Il a son organisation, ses coalitions, ses finances, sa publicité. Il a réuni en un faisceau tous les intérêts égoïstes. Il a agi sur la presse, sur la Chambre, sur les élections. Il met en œuvre, et c'est son droit, tout le mécanisme constitutionnel. Il vous battra certainement, si vous restez dans l'indifférence. » II, p.91 — Cf. OPINION

— *C'est le meilleur préservatif contre la guerre* : « Car le meilleur des boulevards, la plus efficace des fortifications, la moins dispendieuse des armées, c'est le libre-échange, qui fait plus que de repousser la guerre, qui la prévient ; qui fait mieux que de vaincre un ennemi, qui en fait un ami. » II, p.271

— *Importance de l'argument de la paix dans la défense du libre-échange* : « Nous sommes profondément convaincus que le libre-échange, c'est l'harmonie des intérêts et la paix des nations ; et certes nous plaçons cet effet indirect et social mille fois au-dessus de l'effet direct ou purement économique. » II, p.194 — « Pour moi, Messieurs, je tiens autant qu'un autre au développement du bien-être matériel de mon pays ; mais si je ne voyais clairement l'intime connexité qui existe entre ces trois choses : liberté commerciale, prospérité, paix universelle, je ne serais pas sorti de ma solitude pour venir prendre à ce grand mouvement la part que votre bienveillance m'a assignée. » II, p.236

— *Le libre-échange est plus efficace que la protection* : « Entre les partisans de la liberté et ceux de la protection, la question se réduit donc à ceci : la direction artificielle, imprimée au capital et au travail, vaut-elle mieux que leur direction naturelle ? » II, p.35

— *Importance de savoir reconnaître les effets du libre-échange et du protectionnisme* : « Il ne peut pas y avoir de recherche plus utile que celle des effets comparés de la *liberté* et de la *restriction* sur la politique extérieure des peuples et sur la paix du monde. » II, p.172

— *Effets de la libre-exportation* : « L'Angleterre, par le fait même qu'elle a laissé l'exportation libre, sera le pays le mieux approvisionné. » II, p.73 — « La *vie à bon marché*, c'est le résultat que l'échange, et surtout l'échange libre, tend à produire. » I, p.460

LIGUE ANGLAISE POUR LE LIBRE-ÉCHANGE

— *Elle est un exemple à suivre pour la France* : « Vous avez conduit votre immense agitation avec une vigueur, un ensemble, une prudence, une modération qui seront un éternel exemple pour tous les réformateurs futurs. » I, p.135

— *Elle offre un exemple à suivre, mais pas aveuglément* : « Mais si la Ligue nous offre de beaux modèles, ce n'est point à dire que nous ayons à copier servilement sa stratégie. » II, p.231

— *Elle a répudié l'esprit de parti* : « Un des traits les plus saillants et les plus instructifs, entre tous ceux qui caractérisent *l'agitation* que j'essaie de révéler à mon pays, c'est la complète répudiation parmi les *free-traders* de tout *esprit de parti* et leur séparation des Whigs et des Torys. » III, p.70 — Cf. POLITIQUE

— *Raison de son succès* : « Ce qui a fait le succès de la Ligue, en Angleterre, c'est une chose, une seule chose, la *foi dans une idée*. » VII, p.36

— *Elle réclame l'abolition immédiate et complète de la protection* : « Tel est le glorieux triomphe auquel aspire la LIGUE lorsqu'elle réclame l'abolition totale, immédiate et sans condition de tous les monopoles, de tous les droits protecteurs quelconques en faveur de l'agriculture, des manufactures, du commerce et de la navigation, en un mot la liberté absolue des échanges. » III, p.30 — « Elle aspire à l'entière et radicale destruction de tous les privilèges et de tous les monopoles, à la liberté absolue du commerce, à la concurrence illimitée, ce qui implique la chute de la prépondérance aristocratique en ce qu'elle a d'injuste, la dissolution des liens coloniaux en ce qu'ils ont d'exclusif, c'est-à-dire une révolution complète dans la politique intérieure et extérieure de la Grande-Bretagne. » III, p.33

— *Pourquoi elle s'est concentrée sur la question céréalière* : « Il est facile de comprendre pourquoi les *free-traders* ont commencé par réunir toutes leurs forces contre un seul monopole, celui des céréales : c'est qu'il est la clef de voûte du système tout entier. C'est la part de l'aristocratie, c'est le lot spécial que se sont adjugé les législateurs. Qu'on leur arrache ce monopole, et ils feront bon marché de tous les autres. » III, p.34
— « M. Cobden a répondu que le système protecteur avait principalement en vue les intérêts du sol ; que les propriétaires du sol étant en même temps les maîtres du Parlement, la Ligue avait considéré le système tout entier comme n'ayant d'autre point d'appui que cette branche particulière de protection. Dans la nécessité de concentrer ses forces, pour leur donner plus d'efficacité, elle a résolu d'attaquer surtout la loi-céréale, sachant fort bien que, si elle en obtenait l'abrogation, les propriétaires eux-mêmes seraient les premiers à détruire toutes autres mesures protectrices. » III, p.385 — « Il est bien vrai que l'*anti-corn-law-league,* comme son titre l'indique, a d'abord concentré ses efforts contre la loi céréale. Mais pourquoi ? Parce que le monopole des blés était, dans le régime restrictif de la Grande-Bretagne, la part des mille législateurs anglais. Dès lors, les Ligueurs disaient avec raison : Si nous parvenons à soustraire à nos mille législateurs leur part de monopole, ils feront bon marché du monopole d'autrui. Voilà pourquoi, quand la loi-céréale a été vaincue, M. Cobden a quitté le champ de bataille ; et quand on lui disait : Il reste encore bien des monopoles à abattre, il répondait : *The landlords will do that,* les landlords feront cela. » II, p.17 Cf. LOI CÉRÉALE *(CORN LAW)*

LIGUE FRANÇAISE POUR LE LIBRE-ÉCHANGE

— *Elle a vocation à défendre un principe, non à proposer une réforme précise* : « On voudrait encore que nous indiquassions, dans les moindres détails, la manière dont il faut opérer la réforme, le temps qu'il y faut consacrer, les articles par lesquels il faut commencer. Véritablement ce n'est pas notre mission. Nous ne sommes pas législateurs. Nous ne sommes pas le gouvernement. Notre déclaration de principes n'est pas un projet de loi et notre programme se borne à montrer, en vue d'éclairer l'opinion publique, le but auquel nous aspirons, parce que sans le concours de l'opinion publique il n'y a pas de réforme possible, ni même désirable. Or ce but est bien défini : Ramener la douane au but légitime de son institution ; ne pas tolérer qu'elle soit, aux mains d'une classe de travailleurs, un instrument d'oppression et de spoliation à l'égard de toutes les autres classes. » II, p.20

— *Elle n'est pas opposée aux droits de douane* : « Dès le premier jour, nous avons dit dans notre manifeste : "Les soussignés ne contestent pas à la société le droit d'établir, sur les marchandises qui passent la frontière, des taxes destinées aux dépenses communes, pourvu qu'elles soient déterminées par la seule considération des besoins du trésor." » II, p.10 — « Nous demandons la liberté de l'échange comme on demandait la liberté de la presse, sans exclure qu'une patente dût être payée par l'imprimeur. Nous demandons la liberté de l'échange comme on demande le respect de la propriété, sans refuser d'admettre l'impôt foncier. » II, p.11 — « Monsieur, permettez-moi de dire que vous interprétez mal la pensée de notre association, quand vous dites qu'ELLE VEUT la douane fiscale. Elle ne la *veut* pas, mais elle ne l'attaque pas. Elle a cru ne devoir se donner qu'une mission simple et spéciale, qui est de montrer l'injustice et les mauvais effets de la protection. Elle n'a pas pensé qu'elle pût agir efficacement dans ce sens, si elle entreprenait en même temps la refonte de notre système contributif. » II, p.137 — Cf. DOUANE

— *Elle ne doit jamais transiger* : « Mais après l'enthousiasme est venue la réflexion. Je tremble que quelque germe funeste ne se glisse dans les commencements de notre ligue, par exemple l'esprit de transaction, de transition, d'atermoiements, de ménagements. Tout est perdu si elle ne se rallie, si elle n'adhère étroitement à un *principe absolu*. Comment les ligueurs eux-mêmes pourraient-ils s'entendre, si la ligue admettait divers principes, à diverses doses ? Et s'ils ne s'entendaient pas entre eux, quelle influence pourraient-ils exercer au dehors ? — Ne soyons que vingt, ou dix, ou cinq ; mais que ces vingt, ou dix, ou cinq aient le même but, la même volonté, la même foi. Vous avez assisté à l'agitation anglaise ; je l'ai moi-même beaucoup étudiée, et je sais (ce que je vous prie de bien dire à nos amis) que si la Ligue eût fait la moindre concession, à aucune époque de son existence, il y a longtemps que l'aristocratie en serait débarrassée. » I, p.196 — « Ainsi que je l'écrivais à M. Fonteyraud, ne soyons que dix, que cinq, que deux s'il le faut, mais élevons le drapeau de la liberté absolue, du principe absolu ; et attendons que ceux qui ont la même foi se joignent à nous. » I, p.120 — Cf. PRINCIPE et ASSOCIATION

— *La difficulté pour l'établir une viendra pas de la difficulté de trouver la bonne personne pour diriger* : « La plus grande difficulté, en apparence, que puisse rencontrer la formation d'une Ligue, c'est *la question de personnes*. Il n'est pas possible qu'un corps gigantesque, travaillant à une œuvre immense, à travers une multitude d'oppositions extérieures et peut-être de rivalités intestines, puisse se dispenser d'obéir à une impulsion unique et pour ainsi dire à une omnipotence volontairement déléguée. Mais qui sera le dépositaire de cette puissance morale ? On est justement effrayé quand on songe aux qualités éminentes et presque inconciliables que suppose un tel rôle. Tête froide, cœur de feu, main ferme, formes attachantes, connaissances étendues, coup d'œil sûr, talent oratoire, dévouement sans bornes, abnégation entière ; voilà ce qu'il faudrait trouver dans un seul homme, et de plus ce charme magnétique qui pétrifie l'envie et désarme les amours-propres. Eh bien ! cette difficulté n'en est pas une. Si les temps sont mûrs en France pour l'agitation commerciale, l'homme de la Ligue surgira. Jamais grande cause n'a failli faute d'un homme. » VII, p.35

— *Son premier acte doit être de fonder un journal* : « Le premier acte de toute œuvre de propagande est la fondation d'un journal. Un journal, c'est la vie, la pensée, le lien, l'organe de toute association. Quelle que fût l'importance des autres moyens que nous aurions désiré mettre en œuvre, nous devions les subordonner tous aux ressources qui nous resteraient après que l'existence de notre journal serait assurée. » VII, p.171

LIVRES

— *La qualité des livres qui se vendent dépend des lecteurs* : « Je suis d'accord avec M. Blanc que, dans l'état actuel des choses, les livres amusants, dangereux, quelquefois corrupteurs, et toujours faits à la hâte, sont plus lucratifs que les grands et sérieux ouvrages, qui ont exigé beaucoup de travaux et de veilles. Mais pourquoi ? parce que le public demande ces livres ; on lui sert ce qu'il veut. Il en est ainsi de toutes les productions. Partout où les masses sont disposées à faire des sacrifices pour obtenir une chose, cette chose se fait ; il se trouve toujours des gens qui la font. Ce ne sont pas des mesures législatives qui corrigeront cela, c'est le perfectionnement des mœurs. En toutes choses, il n'y a de ressource que dans le progrès de l'opinion publique. » II, p.337 — Cf. Consommateur

LOI

— *Sa définition : organisation collective du droit de légitime défense* : « Qu'est-ce donc que la Loi ? Ainsi que je l'ai dit ailleurs, c'est l'organisation collective du Droit individuel de légitime défense. » IV, p.343 — « La Loi, c'est l'organisation du Droit naturel de légitime défense ; c'est la substitution de la force collective aux forces individuelles, pour agir dans le cercle où celles-ci ont le droit d'agir, pour faire ce que celles-ci ont le droit de faire, pour garantir les Personnes, les Libertés, les Propriétés, pour maintenir chacun dans son Droit, pour faire régner entre tous la JUSTICE. » IV, p.344

— *Elle ne peut pas tout organiser* : « Les socialistes nous disent : puisque la Loi organise la justice, pourquoi n'organiserait-elle pas le travail, l'enseignement, la religion ? Pourquoi ? Parce qu'elle ne saurait organiser le travail, l'enseignement, la religion, sans désorganiser la Justice. » IV, p.359

— *Nécessité de faire que les lois soient respectées* : « Aucune société ne peut exister si le respect des Lois n'y règne à quelque degré ; mais le plus sûr, pour que les lois soient respectées, c'est qu'elles soient respectables. » IV, p.348

— *Les peuples les plus heureux sont ceux où la loi intervient le moins* : « Quels sont les peuples les plus heureux, les plus moraux, les plus paisibles ? Ceux où la Loi intervient le moins dans l'activité privée ; où le gouvernement se fait le moins sentir ; où l'individualité a le plus de ressort et l'opinion publique le plus d'influence ; où les rouages administratifs sont les moins nombreux et les moins compliqués ; les impôts les moins lourds et les moins inégaux ; les mécontentements populaires les moins excités et les moins justifiables ; où la responsabilité des individus et des classes est la plus agissante, et où, par suite, si les mœurs ne sont pas parfaites, elles tendent invinciblement à se rectifier ; où les transactions, les conventions, les associations sont le moins entravées ; où le travail, les capitaux, la population, subissent les moindres déplacements artificiels ; où l'humanité obéit le plus à sa propre pente ; où la pensée de Dieu prévaut le plus sur les inventions des hommes ; ceux, en un mot, qui approchent le plus de cette solution : Dans les limites du droit, tout par la libre et perfectible spontanéité de l'homme ; rien par la Loi ou la force que la Justice universelle. » IV, p.391

— *L'inflation législative désordonnée empêche d'entreprendre* : « Quel est en ce moment le hardi spéculateur qui oserait monter une usine ou se livrer à une entreprise ? Hier on décrète qu'il ne sera permis de travailler que pendant un nombre d'heure déterminé. Aujourd'hui on décrète que le salaire de tel genre de travail sera fixé ; qui peut prévoir le décret de demain, celui d'après-demain, ceux des jours suivants ? Une fois que le législateur se place à cette distance incommensurable des autres hommes ; qu'il croit, en toute conscience, pouvoir disposer de leur temps, de leur travail, de leurs transactions, toutes choses qui sont des *Propriétés*, quel homme, sur la surface du pays, a la moindre connaissance de la position forcée où la Loi le placera demain, lui et sa profession ? Et, dans de telles conditions, qui peut et veut rien entreprendre ? » IV, p.287

— *Aujourd'hui, elle est pervertie* : « La loi pervertie ! La loi — et à sa suite toutes les forces collectives de la nation, — la Loi, dis-je, non seulement détournée de son but, mais appliquée à poursuivre un but directement contraire ! La Loi devenue l'instrument de toutes les cupidités, au lieu d'en être le frein ! La Loi accomplissant elle-même l'iniquité qu'elle avait pour mission de punir ! Certes, c'est là un fait grave, s'il existe, et sur lequel il doit m'être permis d'appeler l'attention de mes concitoyens. » IV, p.342

— *Elle est détournée par toutes les classes* : « Oui, tant qu'il sera admis en principe que la Loi peut être détournée de sa vraie mission, qu'elle peut violer les propriétés au lieu de les garantir, chaque classe voudra faire la Loi, soit pour se défendre contre la spoliation, soit pour l'organiser aussi à son profit. » IV, p.352

— *Elle est spoliatrice quand elle prend aux uns pour donner aux autres* : « Comment reconnaître la spoliation ? C'est bien simple. Il faut examiner si la Loi prend aux uns ce qui leur appartient pour donner aux autres ce qui ne leur appartient pas. Il faut examiner si la Loi accomplit, au profit d'un citoyen et au détriment des autres, un acte que ce citoyen ne pourrait accomplir lui-même sans crime. » IV, p.354 — « Il ne pouvait s'introduire dans la Société un plus grand changement et un plus grand malheur que celui-là : la Loi convertie en instrument de spoliation. » IV, p.348 — Cf. SPOLIATION et REDISTRIBUTION DES RICHESSES

— *Les classes pauvres demandent à la loi d'intervenir pour eux comme elle est intervenue pour les industriels via le protectionnisme* : « Car, que demandent aujourd'hui les classes souffrantes ? Elles ne demandent pas autre chose que ce qu'ont demandé et obtenu les capitalistes et les propriétaires fonciers. Elles demandent l'*intervention de la loi* pour équilibrer, pondérer, égaliser la richesse. Ce qu'ils ont fait par la douane, elles veulent le faire par d'autres institutions ; mais le principe est toujours le même, *prendre législativement aux uns pour donner aux autres* ; et certes, puisque c'est vous, propriétaires et capitalistes, qui avez fait admettre ce funeste principe, ne vous récriez donc pas si de plus malheureux que vous en réclament le bénéfice.

Ils y ont au moins un titre que vous n'aviez pas. » IV, p.295
— Cf. REDISTRIBUTION DES RICHESSES

LOI CÉRÉALE (*CORN-LAW*)

— *Son ambition et ses effets* : « La loi-céréale, en excluant le blé étranger ou en le frappant d'énormes droits d'entrée, *a pour but* d'élever le prix du blé indigène, *pour prétexte* de protéger l'agriculture, et *pour effet* de grossir les rentes des propriétaires du sol. » III, p.16

LOIS ÉCONOMIQUES

— *Elles s'appliquent sur un individu ou sur une nation* : « Les lois économiques agissent sur le même principe, qu'il s'agisse d'une nombreuse agglomération d'hommes, de deux individus, ou même d'un seul, condamné par les circonstances à vivre dans l'isolement. » VI, p.228

— *Si elles existent, il faut les étudier* : « Car, s'il y a des lois générales qui agissent indépendamment des lois écrites et dont celles-ci ne doivent que régulariser l'action, il faut étudier ces lois générales. » VI, p.24

~ M ~

MACHINES

— *Les machines déplacent du travail mais procurent du bien* : « Nous ne nions pas que les machines, comme la liberté, ne déplacent du travail. Nous disons seulement qu'en tenant compte des épargnes qu'elles procurent aux consommateurs, épargnes qui payent d'autre main-d'œuvre, dans l'ensemble, elles favorisent le travail plus qu'elles ne lui nuisent. » VII, p.122

MALTHUS, THOMAS

— *La critique faite de Malthus est honteuse* : « Il me tardait d'aborder ce chapitre, ne fût-ce que pour venger Malthus des violentes attaques dont il a été l'objet. C'est une chose à peine croyable que des écrivains sans aucune portée, sans aucune valeur, d'une ignorance qu'ils étalent à chaque page, soient parvenus, à force de se répéter les uns les autres, à décrier dans l'opinion publique un auteur grave, consciencieux, philanthrope, et à faire passer pour absurde un système qui, tout au moins, mérite d'être étudié avec une sérieuse attention. » VI, p.497

MERCANTILISME

— *La nature de ses idées et ses effets dans l'histoire* : « Une théorie, que nous croyons radicalement fausse, a dominé les esprits pendant des siècles, sous le nom *système mercantile*. Cette théorie, faisant consister la richesse, non dans l'abondance des moyens de satisfaction, mais dans la possession des métaux précieux, inspira aux nations la pensée que, pour s'enrichir, il ne s'agit que de deux choses : *acheter aux autres le moins possible, vendre aux autres le plus possible.* C'était, pensait-on, un moyen assuré d'acquérir le seul trésor véritable, l'or, et en même temps d'en priver ses rivaux ; en un mot, de mettre de son côté la balance du commerce et de la puissance. *Acheter peu* conduisait aux tarifs protecteurs. Il fallait bien préserver, fût-ce par la force, le marché national de produits étrangers qui auraient pu venir s'y échanger contre du numéraire. *Vendre beaucoup* menait à imposer, fût-ce par la force, le produit national aux marchés étrangers. Il fallait des consommateurs assujettis. De là, la conquête, la domination, les envahissements, le système colonial. » II, p.180

MÉTHODOLOGIE

— *Utilité de recourir aux robinsonnades* : « Une question économique nous embarrasse-t-elle, allons observer Robinson dans son île, et nous obtiendrons la solution. S'agit-il de comparer la liberté à la restriction ? De savoir ce que c'est que travail et capital ? De rechercher si l'un opprime l'autre ? D'apprécier les effets des machines ? De décider entre le luxe et l'épargne ? De juger s'il vaut mieux exporter qu'importer ? Si la production peut surabonder et la consommation lui faire défaut ? Courons à l'île du pauvre naufragé. Regardons-le agir. Scrutons et le mobile, et la fin, et les conséquences de ses actes. Nous n'y apprendrons pas tout, ni spécialement ce qui concerne la répartition de la richesse au sein d'une société nombreuse ; mais nous y verrons poindre les faits primordiaux. Nous y observerons les lois générales dans leur action la plus simple ; et l'économie politique est là en germe. » II, p.402

— *Le non usage par Bastiat des mathématiques* : « Je ne sais pas me servir des *a*, *b*, *c*, qui généralisent les questions. » II, p.389

MONNAIE

— *La quantité de numéraire a peu d'importance* : « C'est une circonstance assez insignifiante qu'il y ait beaucoup ou peu de
numéraire dans le monde. S'il y en a beaucoup, il en faut
beaucoup ; s'il y en a peu, il en faut peu pour chaque transaction ; voilà tout. » V, p.87

— *Conséquences de la dévaluation monétaire* : « On émet des
pièces altérées ou des billets qui portent le nom de *vingt francs,*
et conserveront ce nom à travers toutes les dépréciations
ultérieures. La valeur sera réduite d'un quart, de moitié, qu'ils
ne s'en appelleront pas moins des *pièces* ou *billets de vingt francs.*
Les gens habiles auront soin de ne livrer leurs produits que
contre un nombre de billets plus grand. En d'autres termes,
ils demanderont quarante francs de ce qu'ils vendaient autrefois pour vingt. Mais les simples s'y laisseront prendre. Il se
passera bien des années avant que l'évolution soit accomplie
pour toutes les valeurs. Sous l'influence de l'ignorance et de
la *coutume,* la journée du manœuvre de nos campagnes restera
longtemps à *un franc,* quand le prix vénal de tous les objets de
consommation se sera élevé autour de lui. Il tombera dans
une affreuse misère, sans en pouvoir discerner la cause. » V,
p.89 — « Une fois la fausse monnaie, quelque forme qu'elle
prenne, mise en circulation, il faut que la dépréciation sur-
vienne, et se manifeste par la hausse universelle de tout ce
qui est susceptible de se vendre. Mais cette hausse n'est pas
instantanée et égale pour toutes choses. Les habiles, les bro-
canteurs, les gens d'affaires s'en tirent assez bien ; car c'est
leur métier d'observer les fluctuations des prix, d'en reconnaître la cause, et même de spéculer dessus. Mais les petits
marchands, les campagnards, les ouvriers, reçoivent tout le
choc. Le riche n'en est pas plus riche, le pauvre en devient
plus pauvre. » V, p.89-90

MONOPOLE

— *Il est inefficace* : « Le monopole, comme toute injustice, porte en lui-même son propre châtiment. » IV, p.237 — « Le monopole est ainsi fait qu'il frappe d'immobilisme tout ce qu'il touche. » IV, p.444

— *Préférence de Bastiat pour la critique morale des monopoles* : « Le monopole a deux faces comme Janus. Le côté économique a des traits incertains ; il faut être du métier pour en discerner la laideur. Mais du côté moral on ne peut pas s'y tromper, et il suffit d'y jeter les yeux pour le prendre en horreur. Il y en a qui me disent : Voulez-vous faire de la propagande ? Parlez aux hommes de leurs intérêts, montrez-leur comment le monopole les ruine. — Et moi je dis que c'est surtout la question de *justice* qui passionne les masses. J'ai du moins cette foi dans mon siècle et dans mon pays. — Et voilà pourquoi, tant que ma main pourra tenir une plume ou mes lèvres proférer un son, je ne cesserai de crier : Justice pour tous ! liberté pour tous ! égalité devant la loi pour tous ! » II, p.245-246 — Cf. JUSTICE

MORALE

— *Aucune activité économique n'est immorale, seuls les désirs le sont* : « Je n'irai pas jusqu'à dire qu'il n'y a jamais d'immoralité dans l'Effort qui a pour but de rendre des services correspondant à des désirs immoraux ou dépravés. Mais il est évident que le principe de l'immoralité est dans le désir même. » VI, p.417 — « Aussi, voyez : qui songe à blâmer nos travailleurs méridionaux de faire de l'eau-de-vie ? Ils répondent à une *demande*. Ils bêchent la terre, soignent leurs vignes, vendangent, distillent le raisin sans se préoccuper de ce qu'on fera du produit. C'est à celui qui recherche la satisfaction à savoir si elle est honnête, morale, raisonnable, bienfaisante. La responsabilité lui incombe. Le monde ne marcherait pas sans cela. Où en serions-nous si le tailleur devait se dire : "Je ne ferai pas un habit de cette forme qui m'est demandée, parce qu'elle pèche par excès de luxe, ou parce qu'elle compromet la respiration, etc., etc. ?" — Est-ce que cela regarde nos pauvres vignerons, si les riches viveurs de Londres s'enivrent avec les vins de France ? Et peut-on plus sérieusement accuser les Anglais de récolter de l'opium dans l'Inde avec l'idée bien arrêtée d'empoisonner les Chinois ? » VI, p.417

— *La morale et les lois* : « Un acte *illégal* est toujours *immoral* par cela seul qu'il est une désobéissance à la loi ; mais il ne s'ensuit pas qu'il soit *immoral* en lui-même. » V, p.3

— *Il ne faut pas considérer comme crime des actions innocentes* : « Je suis surpris qu'on ne soit pas frappé du grave inconvénient qu'il y a toujours à classer législativement, parmi les délits et les crimes, des actions innocentes en elles-mêmes. » VII, p.81

— *Même si une pratique est mauvaise, cela ne suffit pas pour le faire intervenir* : « Mais alors même qu'une action, une habitude, une pratique est reconnue mauvaise, vicieuse, immorale par le bon sens public, quand il n'y a pas doute à cet égard, quand ceux qui s'y livrent sont les premiers à se blâmer eux-mêmes, cela ne suffit pas encore pour justifier l'intervention de la loi humaine. Ainsi que je l'ai dit tout à l'heure, il faut savoir de plus si, en ajoutant aux mauvaises conséquences de ce vice les mauvaises conséquences inhérentes à tout appareil légal, on ne produit pas, en définitive, une somme de maux, qui excède le bien que la sanction légale ajoute à la sanction naturelle. » VI, p.611

— *Influence des méthodes de production sur les mœurs* : « Dans toutes les circonstances qui contribuent à donner à un peuple sa physionomie, son état moral, son caractère, ses habitudes, ses lois, son génie, celle qui domine de beaucoup toutes les autres, parce qu'elle les renferme virtuellement presque toutes, c'est la manière dont il pourvoit à ses moyens d'existence. C'est une observation due à Charles Comte. » VI, p.574 — « Les procédés par lesquels les hommes se procurent des moyens d'existence ne peuvent donc manquer d'exercer une grande influence sur leur condition physique, morale, intellectuelle, économique et politique. Qui doute que si l'on pouvait observer plusieurs peuplades dont l'une fût exclusivement vouée à la chasse, une autre à la pêche, une troisième à l'agriculture, une quatrième à la navigation, qui doute que ces peuplades ne présentassent des différences considérables dans leurs idées, leurs opinions, leurs usages, leurs coutumes, leurs mœurs, leurs lois, leur religion ? Sans doute le fond de la nature humaine se retrouverait partout ; aussi dans ces lois, ces usages, ces religions il y aurait des points communs, et je crois bien que ce sont ces points communs qu'on peut appeler les lois générales de l'humanité. » VI, p.578 — « Il n'y a rien qui modifie aussi profondément l'organisation, les institutions, les mœurs et les idées des peuples que les moyens généraux par lesquels ils pourvoient à leur subsistance ; et ces moyens, il n'y en a que deux : la spoliation, en prenant ce mot dans son acception la plus étendue, et la production. » II, p.254 — « Si la nature des occupations d'un peuple exerce une grande influence sur sa moralité ; ses désirs, ses goûts, sa moralité exercent à leur tour une grande influence sur la nature de ses occupations, ou du moins sur les proportions de ces occupations entre elles. » VI, p.579

NATIONS

— *Contre les jalousies nationales* : «Les jalousies nationales ne sont pas seulement des sentiments pervers, ce sont encore des sentiments absurdes. Nuire à autrui, c'est se nuire à soi-même ; semer des obstacles dans la voie des autres, tarifs, coalitions ou guerres, c'est embarrasser sa propre voie. » VI, p.382 — « Il est sans doute utile de tuer la protection, mais il est plus utile encore de tuer les haines nationales. » I, p.167

NATURE

— *Le concourt de la nature dans la valeur des produits est gratuit* : « Si vous décomposez un produit quel qu'il soit, vous vous apercevrez qu'il est le résultat de la coopération de deux forces : une *force naturelle* et une *force humaine*. Prenez-les tous, l'un après l'autre, depuis le premier jusqu'au dernier, et vous reconnaîtrez que pour amener une chose à cette condition d'utilité qui la rend propre à notre usage, il faut *toujours* le concours de la nature et *souvent* le concours du travail. Or, il est démontré, pour moi, que ce concours de la nature est toujours gratuit. Ce qui fait l'objet de la rémunération, c'est le service rendu à l'occasion d'un produit. On nous livre un produit ; on nous fait payer la peine, l'effort, la fatigue dont il a été l'occasion, en un mot, le *service rendu*, mais jamais la coopération des agents naturels. » II, p.298 — « Quand l'eau est à vos pieds et dans un état de pureté qui la rend potable, elle est *gratuite* ; mais s'il faut l'aller chercher à cent pas, elle *coûte*. Elle coûte davantage, s'il faut l'aller cherchera mille pas, et davantage encore si, de plus, il faut la clarifier. C'est une peine à votre charge, puisque vous devez en profiter ; et, si un autre la prend pour vous, c'est un *service* qu'il vous rend et que vous payez par un autre *service.* » II, p.299 — « Dans tout produit, la nature et l'homme concourent. Mais la part d'utilité qu'y met la nature est toujours gratuite. Il n'y a que cette portion d'utilité qui est due au travail humain qui fait l'objet de l'échange et par conséquent de la rémunération. » IV, p.41 — « Reconnaissant à la terre, aux agents naturels, aux instruments de travail, ce qui est incontestablement en eux : le don d'engendrer l'Utilité, je me suis efforcé de leur arracher ce qui leur a été faussement attribué : la faculté de créer de la Valeur, faculté qui n'appartient qu'aux Services que les hommes échangent entre eux. » VI, p.256 « — Tout homme jouit GRATUITEMENT de toutes les utilités fournies ou élaborées par la nature, à la condition de prendre la peine de les recueillir ou de restituer un service équivalent à ceux qui lui rendent le service de prendre cette peine pour lui. » VI, p.262 — Cf. VALEUR

— *C'est par le travail que les ressources naturelles acquièrent une valeur* : « Oui, la nature a fait la houille (car elle a tout fait), *mais le travail en a fait la valeur.* La houille n'a aucune valeur quand elle est à cent pieds sous terre. Il l'y faut aller chercher, c'est un travail ; il la faut porter sur un marché, c'est un autre travail ; et remarquez-le bien, le prix de la houille sur le marché n'est autre que le salaire de ces *travaux* d'extraction et de transport. » I, p.237

~ O ~

OPINION

— *Sa force* : « Le pouvoir ne fait que ce que l'opinion veut qu'il fasse. » II, p.91

— *L'objectif doit être de changer l'opinion publique* : « L'opinion fait la loi ; c'est l'opinion qu'il faut éclairer. » II, p.72 — « Non, non, l'obstacle n'est pas au ministère, c'est tout au plus là qu'il se résume. Pour modifier la pensée ministérielle, il faut modifier la pensée parlementaire ; et pour changer la pensée parlementaire, il faut changer la pensée électorale ; et pour réformer la pensée électorale, il faut réformer l'opinion publique. » VII, p.37 — « Comprendrons-nous enfin que, puisque *l'opinion est la reine du monde,* c'est l'opinion qu'il faut travailler, c'est à l'opinion qu'il faut communiquer des lumières qui lui montrent la bonne voie et de l'énergie pour y marcher ? » I, p.196 — « [...] convaincus qu'en France, comme en Angleterre, comme dans tous les pays constitutionnels, le seul moyen d'emporter une grande question, c'est d'éclairer et de passionner le public. » III, p.221-222

— *Tout dépend d'elle pour savoir si les Français seront libres* : « Si le grand nombre avait foi dans la liberté, nous serions libres. » IV, p.47

OUVRIERS

— *Ce qu'il leur faut : la paix, la liberté, la sécurité* : « Ouvriers, travailleurs, prolétaires, classes dénuées et souffrantes, voulez-vous améliorer votre sort ? Vous n'y réussirez pas par la lutte, l'insurrection, la haine et l'erreur. Mais il y a trois choses qui ne peuvent perfectionner la communauté tout entière sans étendre sur vous leurs bienfaits, ces trois choses sont : PAIX, LIBERTÉ et SÉCURITÉ. » V, p.63

— *La classe ouvrière est la plus intéressée à la libre concurrence* : « S'il y a une classe de la société intéressée plus que toute autre à la libre concurrence, c'est surtout la classe ouvrière. » VI, p.526

— *La part perçue par les capitalistes baisse, celle des travailleurs hausse* : « À mesure que les capitaux s'accroissent, la part absolue des capitalistes dans les produits totaux augmente et leur part relative diminue. Au contraire, les travailleurs voient augmenter leur part dans les deux sens. » VI, p.249

— *La classe ouvrière n'a cependant pas le monopole des vertus* : « Malgré la mode du jour, notre esprit se refuse à admettre que toutes les vertus, toutes les perfections, toutes les pensées généreuses, tous les nobles dévouements résident parmi les pauvres, et qu'il n'y ait parmi les riches que vices, intentions perverses et instincts égoïstes. » II, p.130

~ P ~

PAIX

— *Pourquoi la liberté des échanges favorise la paix* : « La liberté assure la paix de deux manières : dans le sens négatif, en extirpant l'esprit de domination et de conquête, et dans le sens positif, en resserrant le lien de solidarité qui unit les hommes. » II, p.153 — « Vous nous dites : "Commencez par demander l'abolition préalable de la guerre." Et c'est ce que nous demandons, car certainement l'abolition de la guerre est impliquée dans la liberté du commerce. » II, p.153 — Cf. LIBRE-ÉCHANGE

— *Afin d'établir la paix, il faut vaincre la fausse idée que les intérêts des nations sont antagoniques* : « Notre mission est de combattre cette fausse et dangereuse économie politique qui fait considérer la propriété d'un peuple comme incompatible avec la prospérité d'un autre peuple, qui assimile le commerce à la conquête, le travail à la domination. Tant que ces idées subsisteront, jamais le monde ne pourra compter sur vingt-quatre heures de paix. » II, p.216 — « Que de peine il faut pour faire comprendre une vérité si simple ! — Et pourtant il faut qu'elle soit comprise. La paix du monde est à ce prix. » II, p.219 — Cf. HARMONIE

— *Il faut des contacts entre les peuples plutôt qu'entre les gouvernements* : « Notre principe est celui-ci : "Le moins de contact possible entre les gouvernements ; le plus de contact possible entre les peuples." Pourquoi ? Parce que le contact des gouvernements compromet la Paix, tandis que le contact des peuples la garantit. » V, p.455

— *Si la France n'attaque aucun pays, on ne l'attaquera pas* : « Elle a la certitude qu'on ne viendra pas l'attaquer, du moment qu'elle est décidée à ne pas attaquer les autres. » V, p.493

PARIS

— *Le provincial Bastiat n'y est pas à l'aise* : « Paris et moi nous ne sommes pas faits l'un pour l'autre. » I, p.72

POLITIQUE

— *Il y a trop de grands hommes dans le monde* : « Il faut le dire : il y a trop de grands hommes dans le monde ; il y a trop de législateurs, organisateurs, instituteurs de sociétés, conducteurs de peuples, pères des nations, etc. Trop de gens se placent au-dessus de l'humanité pour la régenter, trop de gens font métier de s'occuper d'elle. » IV, p.392

— *La politique détruit les richesses, contrairement au travail* : « Le travail produit, la politique détruit. » II, p.401

— *Bastiat n'a pas obtenu de responsabilités politiques* : « Il m'était facile d'arriver à de hautes positions ; je n'y ai seulement pas pensé. » VII, p.257

— *La difficulté de convaincre en politique* : « Bon Dieu ! que de peine à prouver, en économie politique, que deux et deux font quatre ; et, si vous y parvenez, on s'écrie : "c'est si clair, que c'en est ennuyeux." — Puis on vote comme si vous n'aviez rien prouvé du tout. » V, p.347

— *Influence néfaste de l'esprit de parti* : « L'esprit de parti est le plus grand fléau des peuples constitutionnels. Par les obstacles incessants qu'il oppose à l'administration, il empêche le bien de se réaliser à l'intérieur ; et comme il cherche son principal point d'appui dans les questions extérieures, que sa tactique est de les envenimer pour montrer que le cabinet est incapable de les conduire, il s'ensuit que l'esprit de parti, dans l'opposition, place la nation dans un antagonisme perpétuel avec les autres peuples et dans un danger de guerre toujours imminent. » III, p.70 — « Jamais je ne m'associerai à cette tactique. Où est le vrai, l'honnête, le juste, le bien et le bon, c'est de ce côté que je me porte, sans examiner si le Gouvernement est pour ou contre. Ergoter contre la vérité uniquement parce que le Gouvernement s'est mis de son côté, c'est fausser sciemment l'esprit public. » VII, p.187 — « L'an passé, j'étais du Comité des finances, car, sous la Constituante, les membres de l'opposition n'étaient pas systématiquement exclus de toutes les Commissions ; en cela, la Constituante agissait sagement. Nous avons entendu M. Thiers dire : "J'ai passé ma vie à combattre les hommes du parti légitimiste et du parti prêtre. Depuis que le danger commun nous a rapprochés, depuis que je les fréquente, que je les connais, que nous nous parlons cœur à cœur, je me suis aperçu que ce ne sont pas les monstres que je m'étais figurés." Oui, les défiances s'exagèrent, les haines s'exaltent entre les partis qui ne se mêlent pas ; et si la majorité laissait pénétrer dans le sein des Commissions quelques membres de la minorité, peut-être reconnaîtrait-on, de part et d'autre, que les idées ne sont pas aussi éloignées et surtout les intentions aussi perverses qu'on le suppose. » V, p.345

POLITIQUE ÉTRANGÈRE

— *Principes sur la politique étrangère* : « En abordant notre politique extérieure, je commencerai par établir nettement ces deux propositions, hors desquelles, j'ose le dire, il n'y a pas de salut. 1° Le développement de la force brutale n'est pas nécessaire et est nuisible à l'influence de la France. 2° Le développement de la force brutale n'est pas nécessaire et est nuisible à notre sécurité extérieure ou intérieure. De ces deux propositions, il en sort, comme conséquence, une troisième, et c'est celle-ci : Il faut désarmer sur terre et sur mer, et cela au plus tôt. » V, p.449 — Cf. ARMÉE et INTERVENTION-NISME MILITAIRE

— *Ce que le gouvernement devrait soutenir en matière de politique étrangère* : « Oui, chacun chez soi, *en fait de force brutale* ; mais que les rayons de la force morale, intellectuelle et industrielle, émanés de chaque centre national, se croisent librement et dégagent par leur contact, la lumière et la fraternité au profit de la race humaine. » V, p.455 — « Oui, chacun chez soi, chacun pour soi, autant qu'il s'agit de force brutale. Ce n'est pas à dire que les liens des peuples seront brisés. Ayons avec tous des relations philosophiques, scientifiques, artistiques, littéraires, commerciales. C'est par là que l'humanité s'éclaire et progresse. Mais des rapports à coups de sabre et de fusil, je n'en veux pas. Parce que des familles parfaitement unies ne vont pas les unes chez les autres *à main armée*, dire qu'elles se conduisent sur la maxime *chacun chez soi*, c'est un étrange abus de mots. D'ailleurs, que dirions-nous si, pour terminer nos dissensions, lord Palmerston nous envoyait des régiments anglais ? Le rouge de l'indignation ne nous monterait-il pas au front ? Comment donc refusons-nous de croire que les autres peuples chérissent aussi leur dignité et leur indépendance ? » V, p.467 — Cf. GUERRE

POSTE

— *Les Français devraient avoir le droit de faire du commerce des lettres postales* : « Enfin, un quatrième et précieux avantage, ce serait de restituer à tout Français la faculté de transporter des lettres et de ne pas faire arbitrairement une catégorie de délits artificiels. » VII, p.81

PRÊT À INTÉRÊT

— *Il doit être libre plutôt que gratuit* : « C'est que le capital doit se prêter non *gratuitement*, mais *librement*. » V, p.237

PRINCIPES

— *Ils sont repoussés spontanément par les hommes de son époque* : « Messieurs, je crois qu'un des grands malheurs, un des grands dangers de notre époque, c'est cette disposition à repousser les principes, qui ne sont après tout que la logique de l'esprit. Par là, on décourage les hommes à conviction ; on les induit à introduire dans leur profession de foi des phrases ambiguës, destinées à satisfaire, au moins *à demi*, les opinions les plus contradictoires. » II, p.248

— *Il ne faut pas avoir honte d'avoir des principes arrêtés* : « Nous ne pouvons pas être *modérés*. Nous sommes convaincus que *deux et deux font quatre*, et nous le soutiendrons opiniâtrement, sauf à le faire avec toute la courtoisie que vous pouvez désirer. Il y en a qui professent que deux et deux font tantôt trois, tantôt cinq, et là-dessus ils se vantent de n'avoir pas de *principes absolus* ; ils se donnent pour des hommes sérieux, modérés, prudents, pratiques ; ils nous accusent d'intolérance. » VII, p.54

— *Il vaut toujours mieux être pleinement attaché aux principes que se complaire dans la « modération »* : « Étaient-ils donc *modérés* ceux qui votaient chaque année plus d'impôts que la nation n'en pouvait supporter ? ceux qui ne trouvaient jamais les contributions assez lourdes, les traitements assez énormes, les sinécures assez nombreuses ? ceux qui faisaient avec tous les ministères un trafic odieux de la confiance de leurs commettants, trafic par lequel, moyennant des dîners et des places, ils acceptaient au nom de la nation les institutions les plus tyranniques : des doubles votes, des lois d'amour, des lois sur le sacrilège ? ceux enfin qui ont réduit la France à briser, par un coup d'État, les chaînes qu'ils avaient passé quinze années à river ? Et sont-ils *exagérés* ceux qui veulent éviter le retour de pareils excès ; ceux qui veulent mettre de la modération dans les dépenses ; ceux qui veulent *modérer* l'action du pouvoir ; qui ne sont pas *immodérés,* c'est-à-dire insatiables de gros. » I, p.219

— *Bastiat, attaché fermement au principe de la liberté* : « Moi, quand je considère ma persistance dans un principe qui ne fait en France aucun progrès, je me demande quelquefois si je ne suis pas un maniaque en proie à une idée fixe. » I, p.479

— *Ils sont la force d'une association pour la liberté des échanges* : « Ne soyez que cent, ne soyez que cinquante, ne soyez que dix et moins encore, s'il le faut, mais soyez unis par une entière conformité de vues, par une parfaite identité de doctrine. Or un tel lien ne saurait être ailleurs que dans un *principe.* Réclamez, poursuivez, exigez jusqu'au bout la complète réalisation de la *liberté des échanges* ; n'admettez ni transactions, ni conditions, ni transitions, car où vous arrêteriez-vous ? » VII, p.32 — « Libre-échange ! Ce mot fait notre force. Il est notre épée et notre bouclier. Libre-échange ! C'est un de ces mots qui soulèvent des montagnes. Il n'y a pas de sophisme, de préjugé, de ruse, de tyrannie qui lui résiste. Il porte en lui-même et la démonstration d'une Vérité, et la déclaration d'un Droit, et la puissance d'un Principe. » II, p.4 — « N'oubliez pas que les débats de cette nature ont pour juge l'opinion, et qu'ils veulent être soutenus sur le terrain du principe et non sur celui de l'expédient. J'appelle Expédient, par opposition à

Principe, cette disposition à juger les questions au point de vue des circonstances du moment, et même, trop souvent, des intérêts de classe ou des intérêts individuels. À une association il faut un lien, et ce ne peut être qu'un principe. À l'intelligence il faut un guide, une lumière, et ce ne peut être qu'un principe. Au cœur humain il faut un mobile qui détermine l'action, le dévouement, et au besoin le sacrifice ; et l'on ne se dévoue pas à l'expédient, mais au principe. Consultez l'histoire, Messieurs, voyez quels sont les noms chers à l'humanité, et vous reconnaîtrez qu'ils appartiennent à des hommes animés d'une foi vive. Je gémis pour mon siècle et pour mon pays de voir l'expédient en honneur, la dérision et le ridicule réservés au principe ; car jamais rien de grand et de beau ne s'accomplit dans le monde que par le dévouement à un principe. » II, p.258-259 — Cf. LIGUE FRANÇAISE POUR LE LIBRE-ÉCHANGE

— *Les grands principes de Frédéric Bastiat* : « Paix au dehors, justice au dedans, prospérité partout. » I, p.391— « Éclairez et laissez faire. » VI, p.568 — « Messieurs, disputez-vous le pouvoir, je ne cherche qu'à le contenir ; disputez-vous la manipulation du budget, je n'aspire qu'à le diminuer. » I, p.471

PRIVILÈGES

— *Certaines professions en ont* : « Nous avons d'abord les privilèges de toute espèce. Nul ne peut se faire avocat, médecin, professeur, agent de change, courtier, notaire, avoué, pharmacien, imprimeur, boucher, boulanger, sans rencontrer des prohibitions légales. Ce sont autant de *services* qu'il est défendu de rendre, et, par suite, ceux à qui l'autorisation est accordée les mettent à plus haut prix, à ce point que ce privilège seul, sans travail, a souvent une grande valeur. Ce dont je me plains ici, ce n'est pas qu'on exige des garanties de ceux qui rendent ces *services,* quoiqu'à vrai dire la garantie efficace se trouve en ceux qui les reçoivent et les paient. Mais encore faudrait-il que ces garanties n'eussent rien d'exclusif. Exigez de moi que je sache ce qu'il faut savoir pour être avocat ou médecin, soit ; mais n'exigez pas que je l'aie appris en telle ville, en tel nombre d'années, etc. » IV, p.430

— *Le peuple veut être lui aussi un privilégié, mais c'est impossible* : « Non, sa prétention est bien autre, il se fait solliciteur, il demande, lui aussi, à être privilégié. Lui, le gros du public, imitant les classes supérieures, implore à son tour des privilèges ! Il veut le droit au travail, le droit au crédit, le droit à l'instruction, le droit à l'assistance ! Mais aux dépens de qui ? C'est ce dont il ne se met pas en peine. Il sait seulement que, si on lui assurait du travail, du crédit, de l'instruction, du repos pour ses vieux jours, le tout gratuitement, cela serait fort heureux, et, certes, personne ne le conteste. Mais est-ce possible ? Hélas ! non, et c'est pourquoi je dis qu'ici l'odieux disparaît ; mais l'absurde est à son comble. Des Privilèges aux masses ! Peuple, réfléchis. » VI, p.130

PRIX

— *Il y a deux types de cherté et deux types de bon marché* : « De là deux natures de cherté et deux natures de bon marché. Il y a la *cherté* de mauvaise nature, c'est celle qui provient de la diminution de l'offre ; car celle-là implique *rareté,* implique *privation* (telle est celle qui s'est fait ressentir cette année sur le blé) ; il y a la *cherté* de bonne nature, c'est celle qui résulte d'un accroissement de demande ; car celle-ci suppose le développement de la richesse générale. De même, il y a un *bon marché* désirable, c'est celui qui a sa source dans l'abondance ; et un *bon marché* funeste, celui qui a pour cause l'abandon de la demande, la ruine de la clientèle. » IV, p.166-167

— *La richesse n'est pas fonction du niveau des prix* : « Il se peut qu'aux États-Unis tout soit nominalement *plus cher* qu'en Pologne, et que les hommes y soient néanmoins mieux pourvus de toutes choses ; par où l'on voit que ce n'est pas le prix absolu des produits, mais leur abondance, qui fait la richesse. » IV, p.165

— *Le progrès fait baisser les prix* : « Nous pouvons conclure de là qu'il est dans la nature des instruments de travail de perdre de leur valeur par la seule action du temps, indépendamment de la détérioration qu'implique l'usage, et poser cette formule : *Un des effets du progrès, c'est de diminuer la valeur de tous les instruments existants.* » VI, p.319

PROGRAMME POLITIQUE

— *Le programme politique de Bastiat* : « Que faut-il donc faire ? Voici ma pensée. Je la formule dans toute sa naïveté, au risque de faire dresser les cheveux sur la tête à tous les financiers et praticiens. DIMINUER LES IMPÔTS. — DIMINUER LES DÉPENSES DANS UNE PROPORTION PLUS FORTE ENCORE. Et, pour revêtir cette pensée financière de sa formule politique, j'ajoute : LIBERTÉ AU DEDANS. — PAIX AU DEHORS. Voilà tout le programme. » V, p.419 — « Pourvoir à la sécurité universelle en rassurant les fonctionnaires paisibles, et, par le choix éclairé des fonctionnaires nouveaux, fonder la vraie liberté par la destruction des privilèges et des monopoles, laisser librement entrer les subsistances et les objets les plus nécessaires au travail, se créer, sans frais, des ressources par l'abaissement des droits exagérés et l'abolition de la prohibition, simplifier tous les rouages administratifs, tailler en plein drap dans la bureaucratie, supprimer les fonctions parasites, réduire les gros traitements, négocier immédiatement avec les puissances étrangères la réduction des armées, abolir l'octroi et l'impôt sur le sel, et remanier profondément l'impôt des boissons, créer une taxe somptuaire, telle est, ce me semble, la mission d'un gouvernement populaire, telle est la mission de notre république. » II, p.481-482 — « La *Patrie* veut-elle demander avec nous la suppression du privilège des banques, la suppression des monopoles des notaires, des agents de change, des avoués, des huissiers, des imprimeurs, des boulangers ; la liberté du transport des lettres, de la fabrication des sels, des poudres et des tabacs ; l'abolition de la loi sur les coalitions, l'abolition de la douane, de l'octroi, de l'impôt sur les boissons, de l'impôt sur les sucres ? La *Patrie* veut-elle appuyer l'impôt sur le capital, le seul proportionnel ; le licenciement de l'armée et son remplacement par la garde nationale ; la substitution du jury à la magistrature, la liberté de l'enseignement à tous les degrés ? C'est mon programme ; je n'en eus jamais d'autre. » V, p.237

— *Les quatre réformes principales selon Bastiat* : « Il est quatre réformes qui se disputeraient la priorité. 1° La réforme électorale ; 2° La réforme parlementaire ; 3° La liberté d'enseignement ; 4° La réforme commerciale. » VII, p.278-279

PROPRIÉTÉ

— *Origines naturelles de la propriété* : « L'homme ne peut vivre et jouir que par une assimilation, une appropriation perpétuelle, c'est-à-dire par une perpétuelle application de ses facultés sur les choses, ou par le travail. De là la Propriété. » IV, p.346

— *Elle est antérieure à la loi* : « Le droit de propriété est antérieur à la loi. Ce n'est pas la loi qui a donné lieu à la propriété, mais, au contraire, la propriété qui a donné lieu à la loi. » II, p.330 — « La Propriété existe avant la Loi ; la loi n'a pour mission que de faire respecter la propriété partout où elle est, partout où elle se forme, de quelque manière que le travailleur la crée, isolément ou par association, pourvu qu'il res-

pecte le droit d'autrui. » IV, p.290 — « Ce n'est pas parce que les hommes ont édicté des Lois que la Personnalité, la Liberté et la Propriété existent. Au contraire, c'est parce que la Personnalité, la Liberté et la Propriété préexistent que les hommes font des Lois. » IV, p.343 — « Selon moi, la société, les personnes et les propriétés existent antérieurement aux lois, et, pour me renfermer dans un sujet spécial, je dirai : Ce n'est pas parce qu'il y a des lois qu'il y a des propriétés, mais parce qu'il y a des propriétés qu'il y a des lois. » IV, p.276 —
— « Dans la force du mot, l'homme *naît propriétaire*, parce qu'il naît avec des besoins dont la satisfaction est indispensable à la vie, avec des organes et des facultés dont l'exercice est indispensable à la satisfaction de ces besoins. » IV, p.277
— « Oui, l'homme *naît propriétaire*, c'est-à-dire que la propriété est le résultat de son organisation. On naît propriétaire, car on naît avec des besoins auxquels il faut absolument pourvoir pour se développer, pour se perfectionner et même pour vivre ; et on naît aussi avec un ensemble de facultés coordonnées à ces besoins. On naît donc avec la propriété de sa personne et de ses facultés. C'est donc la propriété de la personne qui entraîne la propriété des choses, et c'est la propriété des facultés qui entraîne celle de leur produit. Il résulte de là que la *propriété* est aussi naturelle que l'existence même de l'homme. » II, p.329

— *La formule : la propriété c'est le vol, est absurde* : « Prise au pied de la lettre, la célèbre formule : *la propriété, c'est le vol,* est donc l'absurdité portée à sa dernière puissance. Il ne serait pas plus exorbitant de dire : *le vol, c'est la propriété* ; le légitime est illégitime ; ce qui est n'est pas, etc. » VI, p.265

— *La propriété, c'est la liberté* : « La propriété, le droit de jouir du fruit de son travail, le droit de travailler, de se développer, d'exercer ses facultés, comme on l'entend, sans que l'État intervienne autrement que par son action protectrice, c'est la liberté. » IV, p.290

— *Bastiat veut faire aimer la propriété* : « Ce n'est pas assez de justifier la Propriété, je voudrais la faire chérir même par les Communistes les plus convaincus. » VI, p.286

— *Limites qui existent contre la propriété* : « Certes, je le sais, dans la pratique, la Propriété est encore loin de régner sans partage ; en face d'elle il y a le fait antagonique ; il y a des services qui ne sont pas volontaires, dont la rémunération n'est pas librement débattue ; il y a des services dont l'équivalence est altérée par la force ou par la ruse ; en un mot, il y a la Spoliation. » VI, p.265

PROPRIÉTÉ INTELLECTUELLE

— *Peu de certitudes de Bastiat sur ce sujet* : « Vous me provoquez à exprimer mon opinion sur le grand problème de la propriété intellectuelle. Je n'ai pas à cet égard des idées assez arrêtées. » VII, p.207

— *Absurdité de la législation sur la question* : « Il me semble que la plus illogique de toutes les législations est celle qui régit chez nous la propriété littéraire. Elle lui donne un règne de vingt ans après la mort de l'auteur. Pourquoi pas quinze ? pourquoi pas soixante ? Sur quel principe a-t-on fixé un nombre arbitraire ? Sur ce malheureux principe que la loi *crée* la propriété, principe qui peut bouleverser le nombre. » II, p.340-341

— *Bastiat, partisan de la propriété littéraire* : « Je suis, en principe, partisan très prononcé de la propriété littéraire. Dans l'application, il peut être difficile de garantir ce genre de propriété. Mais la difficulté n'est pas une fin de non-recevoir contre le droit. » II, p.340 — « Je vous ai dit, il est vrai, que si l'on faisait jamais passer la région intellectuelle dans le domaine de la propriété, cette grande Révolution étendrait le *champ de l'économie politique,* sans changer aucune de ses lois, aucune de ses notions fondamentales ; je persiste dans cette opinion. » VII, p.207

PROTECTIONNISME

— *Sa définition selon Bastiat* : « La protection est une mesure par laquelle on interdit au producteur national les marchés étrangers, au moins dans une certaine mesure, lui réservant en compensation le marché national. » II, p.39

— *C'est une forme de spoliation* : « Mais sous quelque aspect que l'on considère ce régime, il n'est tout entier qu'une immoralité. C'est l'injustice organisée ; c'est *le vol* généralisé, légalisé, mis à la portée de tout le monde, et surtout des plus influents et des plus habiles. Je hais autant que qui que ce soit l'exagération et l'abus des termes, mais je ne puis consciencieusement rétracter celui qui s'est présenté sous ma plume. Oui, *protection, c'est spoliation,* car c'est le privilège d'opérer législativement la rareté, la disette, pour être en mesure de surfaire à l'acheteur. » I, p.382 — « La protection *déplace* inutilement et injustement la richesse. Autant en fait la spoliation. » IV, p.70 — « La spoliation, en général, déplace la richesse, mais ne l'anéantit pas. La protection la déplace et en outre l'anéantit. » I, p.472

— *La prohibition du commerce, c'est du communisme* : « Non seulement la prohibition c'est du Communisme, mais c'est du Communisme de la pire espèce. Il commence par mettre les facultés et le travail du pauvre, sa seule Propriété, à la discrétion du riche : il entraîne une perte sèche pour la masse, et finit par envelopper le riche lui-même dans la ruine commune. » IV, p.537 — « Messieurs les prohibitionistes, ne déclamez pas contre le socialisme, vous en faites. Ne déclamez pas contre le communisme, vous en faites. » V, p.14

— *Le protectionnisme est une tyrannie* : « Mais si un simple citoyen vient dire à un autre : "Tu as travaillé, tu as touché ton salaire ; je te défends de l'échanger d'une façon qui t'arrange, mais qui me dérange", nous disons que c'est là une insupportable tyrannie. Et si, au lieu de prononcer l'interdiction de sa pleine autorité, il a assez de crédit pour la faire prononcer par la loi, nous disons que la tyrannie n'en est que plus insupportable et plus scandaleuse. » II, p.5

— *Le protectionnisme est une cause de guerre* : « Le régime prohibitif est une cause permanente de guerre ; je dirai plus, de nos jours c'est à peu près *la seule.* » I, p.377

— *Il déçoit même ceux qu'il prétend favoriser* : « La première, c'est que le système protecteur est une déception, et qu'il trompe même ceux qu'il prétend favoriser. Il aspire à leur conférer le triste privilège de la *rareté,* dont le propre, il est vrai, est d'élever le prix d'un objet, quand elle est *relative* ; mais opérant de même sur tout, ce n'est pas la *rareté* relative, mais bien la *rareté absolue* qu'il procure, manquant même son but immédiat. » II, p.243-244 — « J'ai dit ailleurs : *Protection, c'est spoliation.* C'est là son côté odieux. J'aurais pu dire aussi : *Protection, c'est déception.* C'est son côté ridicule. » I, p.394

— *L'objectif et le résultat du protectionnisme est d'organiser la cherté* : « Le but immédiat de la *protection* est de favoriser le *producteur.* — Ce que celui-ci demande, c'est le *placement* avantageux de son produit. — Le placement avantageux d'un produit dépend de sa *cherté,* — et la *cherté* provient de la *rareté.* — Donc la protection aspire à opérer la rareté. — C'est sur la *disette des choses* qu'elle prétend fonder le *bien-être des hommes.* — *Abon-*

dance et *richesse* sont à ses yeux deux choses qui s'excluent, car l'abondance fait le bon marché, et le bon marché, s'il profite au consommateur, importune le producteur dont la protection se préoccupe exclusivement. » I, p.364 — « Et après tout, quelle est ma conclusion ? que nous marchons vers le *dénuement*. Or, c'est la non seulement l'*effet,* mais encore, nous l'avons vu, le *but avoué* de la protection, car elle ne prétend pas aspirer à autre chose qu'à favoriser le producteur, c'est-à-dire à produire législativement la *cherté.* Or, cherté, c'est rareté ; rareté, c'est l'opposé d'abondance ; et l'opposé d'abondance, c'est le *dénuement.* » I, p.367

— *Il est cause de disette* : « Je poserai toujours aux lois restrictives ce dilemme : ou vous convenez que vous produisez la disette, ou vous n'en convenez pas. Si vous en convenez, vous avouerez par cela même que vous faites au peuple tout le mal que vous pouvez lui faire. Si vous n'en convenez pas, alors vous niez avoir restreint l'offre, élevé les prix et, par conséquent, vous niez avoir favorisé le producteur. Vous êtes funestes ou inefficaces. Vous ne pouvez être utiles. » IV, p.14

— *Il est la cause de la pauvreté des masses* : « Il ne faut pas aller bien loin pour en trouver la raison. C'est qu'ils ont été dépouillés de la *liberté d'échanger,* la plus immédiatement utile à l'homme après la *liberté de travailler.* C'est donc la *législation* qui est la cause de nos maux. Les manufacturiers nous ont dit : "Vous n'achèterez qu'à nous et à notre prix." Le fisc : "Vous ne vendrez qu'après que j'aurai pris la moitié de votre produit." *La législation nous tue,* dans le sens le plus absolu du mot ; et si nous voulons vivre, il faut réformer la législation. » I, p.326-327

— *Sa raison d'être est de mettre des barrières au bon-marché* : « Mais quant au sésame, il n'y a pas moyen d'invoquer le patriotisme, l'orgueil national, les besoins de la navigation, la haine de l'étranger, etc., etc. Il faut bien avouer franchement qu'on élève le droit uniquement *parce que le sésame rend plus d'huile que le colza.* On avait cru que cette graine rendait 20 pour 100 d'huile, et on l'avait soumise à un droit égal à 1. On s'aperçoit que ce rendement est de 40 pour 100, et l'on élève le droit à 2. Si plus tard une autre plante se présente qui donne 60 pour 100, on portera le droit à 3 ou 4, et ainsi de suite, repoussant les produits en proportion de ce qu'ils sont riches et précisément parce qu'ils sont riches. C'est bien là le caractère de la protection dans toute sa sincérité, débarrassée des prétextes, des sophismes, des faux exposés sous lesquels elle se déguise quand elle le peut. Ici elle se présente toute franche et toute nue. Ici le monopole ne prend pas des voies tortueuses ; il dit : L'étranger possède un végétal riche et productif ; c'est un bienfait de la nature qu'il veut partager avec mon pays. Mais moi j'ai une plante relativement pauvre, inféconde, et je veux forcer mon pays à s'en contenter. Le consommateur est une matière inerte dont le gouvernement *dispose* ; j'entends qu'il *le réserve* à mes produits. — Et le gouvernement d'accéder à l'injonction. » I, p.341

— *Selon les cas, il est inutile ou nuisible* : « Le libre-échange repose sur ce dilemme : ou votre industrie gagne, et alors la protection vous est inutile ; ou elle perd, et alors la protection est nuisible à la masse. » II, p.376

— *S'il était avantageux au niveau des nations, il le serait au niveau des départements* : « Je dis que l'échange c'est la *Société.* Ce qui constitue la sociabilité des hommes, c'est la faculté de se partager les occupations, d'unir leurs forces, en un mot d'*échanger* leurs services. S'il était vrai que dix nations pussent augmenter leur prospérité en s'isolant les unes des autres, cela serait vrai de dix départements. Je défie que les protectionnistes fassent un argument en faveur du travail national, qui ne s'applique au travail départemental, puis au travail communal, puis à celui de la famille, et enfin au travail individuel ; d'où il suit que la restriction, poussée à ses dernières conséquences, c'est l'isolement absolu, c'est la destruction de la société. » II, p.250

— *Le système protectionniste favorise les entreprises déficitaires* : « [Le régime prohibitif] c'est une mauvaise taille appliquée à l'arbre industriel, laquelle, sans rien ajouter à sa sève, la détourne des boutons à fruit pour la porter aux *branches gourmandes.* » I, p.274 — « Ces industries ruineuses (devenues lucratives par des largesses du public), je vous demanderai avec quoi elles se développeront. Avec du capital, sans doute. Et d'où sortira ce capital ? Des autres canaux de l'industrie où il gagnait sans mettre la main au budget. Ce que vous proposez revient donc à ceci : Décourager les bonnes industries pour encourager les mauvaises ; faire sortir le capital d'une carrière où il s'accroît pour le faire entrer dans une voie où il se détruit, et faire supporter la destruction, non par l'industriel maladroit et malavisé, mais par le contribuable. » II, p.140

— *Contradiction des volontés des protectionnistes* : « Les associations protectionnistes veulent à la fois deux choses contradictoires : *des restrictions et des débouchés.* Donner et ne pas recevoir, vendre et ne pas acheter, exporter et ne pas importer, voilà le fond de leur bizarre doctrine. » II, p.431

— *Il se fonde sur des vérités incomplètes* : « Je ne suis pas de ceux qui disent : La protection s'appuie sur des intérêts. — Je crois qu'elle repose sur des erreurs, ou, si l'on veut, sur des *vérités incomplètes.* » IV, p.1 — Cf. SOPHISME.

— *La formule de J.-B Say, « les produits s'échangent contre des produits », détruit les arguments protectionnistes* : « La science économique a aussi une formule, promulguée par J. B. Say, formule qui ruine de fond en comble le régime restrictif. C'est celle-ci : *Les produits s'échangent contre des produits*. On peut contester la vérité de cette formule, mais une fois reconnue vraie, on ne peut nier qu'elle ne renverse tous les arguments protectionnistes, particulièrement celui du *travail national* ; car si chaque importation implique et provoque une exportation correspondante, il est clair que les importations peuvent aller jusqu'à l'infini sans que le *travail national* en reçoive aucune atteinte. » II, p.296

— *Le protectionnisme en Angleterre* : « En Angleterre, le système de prohibition et la prospérité ont bien des rapports de coexistence, de contiguïté, mais non de génération. L'Angleterre a prospéré non à cause, mais malgré un milliard d'impôts. » I, p.17

— *C'est pour garantir la justice que Bastiat en réclame la fin* : « Nous demandions l'abolition du régime protecteur, non comme une bonne mesure gouvernementale, mais comme une justice, comme la réalisation de la liberté, comme la conséquence rigoureuse d'un droit supérieur à la loi. » IV, p.294

— *Peut-on le reformer sans transition ?* : « — Si l'on vous dit : À supposer que la protection soit injuste, tout s'est arrangé là-dessus ; il y a des capitaux engagés, des droits acquis ; on ne peut sortir de là sans souffrance. Répondez : Toute injustice profite à quelqu'un (excepté, peut-être, la restriction qui à la longue ne profite à personne) ; arguer du dérangement que la cessation de l'injustice occasionne à celui qui en profite, c'est dire qu'une injustice, par cela seul qu'elle a existé un moment, doit être éternelle. » IV, p.257

— *Difficulté de la lutte antiprotectionniste* : « Quand nous avons entrepris de renverser le régime protecteur, nous nous attendions à rencontrer de grands obstacles. » II, p.64

— *Pourquoi les hommes sont attachés au protectionnisme* : « — Pourquoi les hommes sont-ils si attachés au régime protecteur ? — Parce que la liberté devant amener un même résultat *pour un moindre travail,* cette diminution apparente de travail les effraie. — Pourquoi dites-vous *apparente ?* — Parce que tout travail épargné peut être consacré à autre chose. » IV, p.242

— *Il faut protéger la prospérité plutôt que telle ou telle industrie* : « Si l'on vous dit : Il est indispensable qu'un grand pays ait l'industrie du drap. Répondez : Ce qui est plus indispensable, c'est que, dans ce grand pays, les citoyens aient du drap. — Si l'on vous dit : Le travail c'est la richesse. Répondez : C'est faux. » IV, p.253

REDISTRIBUTION DES RICHESSES

— *C'est du communisme* : « L'intervention de l'État pour niveler les fortunes, pour grossir la part des uns aux dépens des
autres, c'est du *communisme*. » IV, p.292 — « Mais le Communisme revêt une troisième forme. Faire intervenir l'État, lui
donner pour mission de pondérer les profits et d'équilibrer
les fortunes, en prenant aux uns, sans consentement, pour
donner aux autres, sans rétribution, le charger de réaliser
l'œuvre du nivellement par voie de spoliation, assurément
c'est bien là du Communisme. Les procédés employés par
l'État, dans ce but, non plus que les beaux noms dont on
décore cette pensée, n'y font rien. Qu'il en poursuive la réalisation par des moyens directs ou indirects, par la restriction
ou par l'impôt, par les tarifs ou par le Droit au travail ; qu'il
la place sous l'invocation de l'égalité, de la solidarité, de la
fraternité, cela ne change pas la nature des choses ; le pillage
des propriétés n'en est pas moins du pillage parce qu'il s'accomplit avec régularité, avec ordre, systématiquement et par
l'action de la loi. » IV, p.515-516 — « L'intervention du législateur pour niveler les fortunes en prenant aux uns de quoi
gratifier les autres, c'est du *communisme*, c'est la mort de tout
travail, de toute épargne, de tout bien-être, de toute justice,
de toute société. » IV, p.538 — Cf. COMMUNISME

— *C'est la chimère du jour* : « La chimère du jour est d'enrichir
toutes les classes aux dépens les unes des autres. » IV, p.355

— *Ces schémas sont oppressifs et gaspillent les richesses* : « La loi, qui restreint le travail et les jouissances de tous au profit de quelques-uns, est une loi oppressive. Elle prend une certaine somme dans la poche de Jean pour la mettre dans la poche de Jacques, *avec perte définitive d'une somme égale pour la communauté.* » II, p.70

— *Cycle infernal de l'intervention de l'État dans les fortunes individuelles* : « Aujourd'hui qu'on a admis en principe que l'État est institué pour distribuer la richesse à tout le monde, il est naturel qu'on lui demande compte de cet engagement. Pour le tenir, il multiplie les taxes et fait plus de misères qu'il n'en guérit. Nouvelles exigences de la part du public, nouvelles taxes de la part de l'État, et nous ne pouvons que marcher de révolution en révolution. Mais s'il était bien entendu que l'État ne doit prendre aux travailleurs que ce qui est rigoureusement indispensable pour les garantir contre toute fraude et toute violence, je ne puis apercevoir de quel côté viendrait le désordre. » IV, p.309

— *L'État ne peut pas servir à égaliser les richesses* : « Vous dites : "Voilà des hommes qui manquent de richesses", — et vous vous adressez à la Loi. Mais la Loi n'est pas une mamelle qui se remplisse d'elle-même, ou dont les veines lactifères aillent puiser ailleurs que dans la société. Il n'entre rien au trésor public, en faveur d'un citoyen ou d'une classe, que ce que les autres citoyens et les autres classes ont été *forcés d'y mettre.* Si chacun n'y puise que l'équivalent de ce qu'il y a versé, votre Loi, il est vrai, n'est pas spoliatrice, mais elle ne fait rien pour ces hommes qui *manquent de richesses,* elle ne fait rien pour l'égalité. Elle ne peut être un instrument d'égalisation qu'autant qu'elle prend aux uns pour donner aux autres, et alors elle est un instrument de Spoliation. » IV, p.361

— *Les masses se spolient* : « Et voici que la masse se prend à se spolier législativement elle-même. Souffrante des blessures qui lui ont été faites, elle entreprend de guérir chacun de ses membres en lui concédant un droit d'oppression sur le membre voisin ; cela s'appelle Solidarité, Fraternité. — "Tu as produit ; je n'ai pas produit ; nous sommes solidaires ; partageons." — "Tu as quelque chose ; je n'ai rien ; nous sommes frères ; partageons." » VI, p.395

— *Prendre aux uns pour donner aux autres n'est pas la solution* : « Prendre aux uns pour donner aux autres ! — Je sais bien que les choses se passent ainsi depuis longtemps. Mais, avant d'imaginer, pour guérir la misère, divers moyens de réaliser ce bizarre principe, ne devrait-on pas se demander si la misère ne provient pas précisément de ce que ce principe a été réalisé sous une forme quelconque ? Avant de chercher le remède dans de nouvelles perturbations apportées à l'empire des lois sociales naturelles, ne devrait-on pas s'assurer si ces perturbations ne constituent pas justement le mal dont la société souffre et qu'on veut guérir ? » VI, p.128-129

RELIGION

— *Bastiat sur le catholicisme* : « Comment ne pas voir une mythologie dans les dogmes de notre catholicisme ? Et cependant cette mythologie est si belle, si consolante, si sublime, que l'erreur est presque préférable à la vérité. Je pressens que si j'avais dans mon cœur une étincelle de foi, il deviendrait bientôt un foyer. » I, p.4

— *La morale religieuse du christianisme plaît à Bastiat* : « Cette morale sera éternellement la plus belle, la plus touchante, celle qui montrera la race humaine dans toute sa majesté ; qui se prêtera le plus aux mouvements de l'éloquence et excitera le plus l'admiration et la sympathie des hommes. » IV, p.151

— *La pureté de l'évangile fut cependant employée à faire le mal* : « Il y a dix-huit siècles, une parole retentit dans le monde : *Aimez-vous les uns les autres*. Rien de plus clair, de plus simple, de plus intelligible. En outre, cette parole fut reçue non comme un conseil humain, mais comme une prescription divine. — Et pourtant, c'est au nom de ce précepte que les hommes se sont longtemps entre-égorgés en toute tranquillité de conscience. » II, p.153 — « Y a-t-il un moyen plus puissant de moraliser un peuple que la Religion ? Y eut-il jamais Religion plus favorable à la paix et plus universellement admise que le Christianisme ? Et cependant qu'a-t-on vu pendant dix-huit siècles ? On a vu les hommes se battre non seulement malgré la Religion, mais au nom de la Religion même. » IV, p.133

— *Croire en la liberté, c'est suivre Dieu* : « ... la Liberté, qui est un acte de foi en Dieu et en son œuvre. » IV, p.393

— *La croyance en Dieu est au fond des* Harmonies : « Il y a dans ce livre une pensée dominante ; elle plane sur toutes ses pages, elle vivifie toutes ses lignes. Cette pensée est celle qui ouvre le symbole chrétien : JE CROIS EN DIEU. » VI, p.588

— *Dieu fait bien ce qu'il fait* : « Pour moi, je l'avoue, dans mes études économiques, il m'est si souvent arrivé d'aboutir à cette conséquence : *Dieu fait bien ce qu'il fait,* que, lorsque la logique me mène à une conclusion différente, je ne puis m'empêcher de me défier de ma logique. » VI, p.497

— *Il faut étudier le monde tel que Dieu l'a fait* : « Il y a des publicistes qui se préoccupent beaucoup de savoir comment Dieu aurait dû faire l'homme : pour nous, nous étudions l'homme tel que Dieu l'a fait. » IV, p.277

— *L'esclavage et la protection sont contraires à la religion* : « L'exploitation de l'homme par l'homme, qu'on la nomme esclavage ou protection, est contraire à la charte chrétienne. » III, p.36

— *À terme, il faudra séparer l'Église et l'État* : « Cela dépendrait de moi que je n'accomplirais pas violemment la séparation de l'Église et de l'État ; non que cette séparation ne me paraisse bonne en soi, mais parce que l'opinion publique, qui est la reine du monde, selon Pascal, la repousse encore. » VII, p.354

RESPONSABILITÉ INDIVIDUELLE

— *Les hommes ont le droit d'essayer et de se tromper* : « Eh quoi ! est-il donc si difficile de laisser les hommes essayer, tâtonner, choisir, se tromper, se rectifier, apprendre, se concerter, gouverner leurs propriétés et leurs intérêts, agir pour eux-mêmes, à leurs périls et risques, sous leur propre responsabilité ; et ne voit-on pas que c'est ce qui les fait hommes ? Partira-t-on toujours de cette fatale hypothèse, que tous les gouvernants sont des tuteurs et tous les gouvernés des pupilles ? » VI, p.462

— *Il faut s'en remettre au libre arbitre des hommes* : « Dans presque tous les actes importants de la vie, il faut respecter le libre arbitre, s'en remettre au jugement individuel des hommes, à cette lumière intérieure que Dieu leur a donnée pour s'en servir, et après cela laisser la Responsabilité faire son œuvre. » VI, p.611

— *Il n'y a rien à mettre à la place* : « Il [l'homme] pourra se tromper, dira-t-on. Sans doute. On peut se tromper dans toutes les transactions imaginables. Est-ce à dire qu'il ne doit y en avoir aucune de libre ? Qu'on aille donc jusque-là, et qu'on nous dise ce qu'il faut mettre à la place de la libre volonté, du libre consentement. Sera-ce la contrainte, car je ne

connais que la contrainte en dehors de la liberté ? Non, dit-
on, ce sera le jugement d'un tiers. Je le veux bien, à trois
conditions. C'est que la décision de ce personnage, quelque
nom qu'on lui donne, ne sera pas exécutée par la contrainte.
La seconde, qu'il sera infaillible, car pour remplacer une fail-
libilité par une autre ce n'est pas la peine ; et celle dont je me
défie le moins est celle de l'intéressé. Enfin, la troisième condition, c'est que ce personnage ne se fasse pas payer ; car ce
serait une singulière manière de manifester sa sympathie
pour l'emprunteur que de lui ravir d'abord sa liberté et de lui
mettre ensuite une charge de plus sur les épaules, en compensation de ce philanthropique service. » VI, p.232

— *La responsabilité individuelle est une condition d'une société libre* :
« Mais ce n'est qu'à une condition : c'est que la loi de la responsabilité sortisse son plein, entier et naturel effet. Que si la
loi humaine intervient et fait dévier les conséquences des
actions, de telle sorte qu'elles ne retombent pas sur ceux à
qui elles étaient destinées, non seulement la liberté n'est plus
une bonne organisation, mais elle n'existe pas. » I, p.418

— *Son importance chez l'homme* : « La responsabilité ! Mais c'est
tout pour l'homme : c'est son moteur, son professeur, son
rémunérateur et son vengeur. Sans elle, l'homme n'a plus de
libre arbitre, il n'est plus perfectible, il n'est plus un être moral, il n'apprend rien, il n'est rien. Il tombe dans l'inertie, et
ne compte plus que comme une unité dans un troupeau. »
VI, p.547

— *Il faut la laisser jouer au maximum* : « Quand le gouvernement ne peut pas éviter de se charger d'un service qui devrait
être du ressort de l'activité privée, il faut du moins qu'il laisse
la responsabilité aussi rapprochée que possible de celui à qui
naturellement elle incombe. Ainsi, dans la question des enfants trouvés, le principe étant que le père et la mère doivent

élever l'enfant, la loi doit épuiser tous les moyens pour qu'il en soit ainsi. — À défaut des parents, que ce soit la commune ; — à défaut de la commune, le département. Voulez-vous multiplier à l'infini les enfants trouvés ? Déclarez que l'État s'en charge. Ce serait bien pis encore, si la France nourrissait les enfants chinois ou réciproquement. » VI, p.616 — « Approuveriez-vous un système de gouvernement qui consisterait en ceci : Vous auriez la responsabilité de votre propre existence. Vous demanderiez à votre travail, à vos efforts, à votre énergie, les moyens de vous nourrir, de vous vêtir, de vous loger, de vous éclairer, d'arriver à l'aisance, au bien-être, peut-être à la fortune. Le gouvernement ne s'occuperait de vous que pour vous garantir contre tout trouble, contre toute agression injuste. D'un autre côté, il ne vous demanderait que le très modique impôt indispensable pour accomplir cette tâche ? » V, p.517

— *Les femmes peuvent aider à son développement* : « Le développement du sens de la responsabilité a beaucoup à attendre de l'intervention des femmes. Elles y sont extrêmement soumises. Il dépend d'elles de créer cette force moralisatrice parmi les hommes ; car il leur appartient de distribuer efficacement le blâme et l'éloge… Pourquoi ne le font-elles pas ? parce qu'elles ne savent pas assez la liaison des effets aux causes en morale… La morale est la science de tout le monde, mais particulièrement des femmes, parce qu'elles font les mœurs. » VI, p.617

— *Le problème des mesures socialistes est qu'elles l'attaquent* : « Leur écueil naturel est dans le déplacement de la Responsabilité. Ce n'est jamais sans créer pour l'avenir de grands dangers et de grandes difficultés qu'on soustrait l'individu aux conséquences de ses propres actes. Le jour où tous les citoyens diraient : "Nous nous cotisons pour venir en aide à ceux qui ne peuvent travailler ou ne trouvent pas d'ouvrage", il serait à craindre qu'on ne vît se développer, à un point dangereux, le penchant naturel de l'homme vers l'inertie, et que bientôt les laborieux ne fussent réduits à être les dupes des paresseux. Les secours mutuels impliquent donc une mutuelle surveillance, sans laquelle le fonds des secours serait bientôt épuisé. » VI, p.459 — Cf. SOLIDARITÉ

RETRAITE

— *Une caisse de retraite, demande des ouvriers* : « C'est que la *Caisse de retraite* est l'aspiration universelle, unanime, énergique, ardente de tous les ouvriers ; et c'est bien naturel. » VI, p.464

— *Une caisse de retraite doit être basée sur la liberté* : « Ce n'est pas de ce côté de l'horizon social que peut venir l'institution tant désirée par les ouvriers. La caisse de retraite, pour être utile, solide, louable, pour que son origine soit en harmonie avec sa fin, doit être le fruit de leurs efforts, de leur énergie, de leur sagacité, de leur expérience, de leur prévoyance. Elle doit être alimentée par leurs sacrifices ; elle doit croître arrosée de leurs sueurs. Ils n'ont rien à demander au gouvernement, si ce n'est liberté d'action et répression de toute fraude. » VI, p.466

RICHESSE

— *Deux manières de l'acquérir* : « Il n'y a et ne peut y avoir que deux manières d'acquérir : Produire ou ravir. » III, p.20

— *Un pays est riche en fonction de l'abondance des marchandises* : « Vous m'accorderez bien que les hommes ne satisfont immédiatement aucun de leurs besoins avec des écus. S'ils ont faim, c'est du pain qu'il leur faut ; s'ils sont nus, des vêtements ; s'ils sont malades, des remèdes ; s'ils ont froid, un

abri, du combustible ; s'ils aspirent à apprendre, des livres ;
s'ils désirent se déplacer, des véhicules, et ainsi de suite. La
richesse d'un pays se reconnaît à l'abondance et à la bonne
distribution de toutes ces choses. » V, p.74 — « L'économie
politique aura rempli sa tâche et sa mission pratique quand
elle aura vulgarisé et rendu irréfutable cette proposition si
simple : "La richesse des hommes, c'est l'abondance des
choses." » IV, p.5

— *Il fut un temps où elle était immorale ; elle ne l'est plus* : « Les
Esséniens, les Stoïciens vivaient au milieu d'une société où la
richesse était toujours le prix de l'oppression, du pillage, de la
violence. Non seulement elle était immorale en elle-même,
mais par l'immoralité des moyens d'acquisition, elle révélait
l'immoralité des hommes qui en étaient pourvus. Une réac-
tion même exagérée contre les riches et la richesse, était bien
naturelle. Les philosophes modernes qui déclament contre la
richesse, sans tenir compte de la différence des moyens
d'acquisition, se croient des Sénèques, des Christs. Ils ne
sont que des perroquets répétant ce qu'ils ne comprennent
pas. » VI, p.225 — « Pour moi, ce n'est pas Thémis, c'est
l'aveugle Fortune que j'ai choisie, ou qu'on m'a choisie pour
amante. Cependant, je dois l'avouer, mes idées sur cette
déesse ont beaucoup changé. Ce *vil métal* n'est plus aussi vil à
mes yeux. Sans doute il était beau de voir les Fabricius et les
Curius demeurer pauvres, lorsque les richesses n'étaient le
fruit que du brigandage et de l'usure ; sans doute Cincinnatus
faisait bien de manger des fèves et des raves, puisqu'il aurait
dû vendre sa patrie et son honneur pour manger des mets
plus délicats ; mais les temps sont changés. À Rome la fortune était le fruit du hasard, de la naissance, de la conquête ;
aujourd'hui elle n'est que le prix du travail, de l'industrie, de
l'économie. Dans ce cas elle n'a rien que d'honorable. C'est
un fort sot préjugé qu'on puise dans les collèges, que celui
qui fait mépriser l'homme qui sait acquérir avec probité et

user avec discernement. Je ne crois pas que le monde ait tort, dans ce sens, d'honorer le riche ; son tort est d'honorer indistinctement le riche honnête homme et le riche fripon. » I, p.8 — Cf. ROME ANTIQUE et ÉDUCATION

— *La richesse est une préoccupation normale pour l'économiste* : « On nous accuse, dans le parti démocratique et *socialiste,* d'être voués au culte des intérêts *matériels* et de tout ramener à des questions de *richesses.* J'avoue que lorsqu'il s'agit des masses, je n'ai pas ce dédain stoïque pour la richesse. Ce mot ne veut pas dire quelques écus de plus ; il signifie du pain pour ceux qui ont faim, des vêtements pour ceux qui ont froid, de l'éducation, de l'indépendance, de la dignité. » I, p.157 — « Car la richesse, voyez-vous, ce n'est pas un peu plus ou un peu moins d'argent. C'est du pain pour ceux qui ont faim, des vêtements pour ceux qui sont nus, du bois qui réchauffe, de l'huile qui allonge le jour, une carrière ouverte à votre fils, une dot assurée à votre fille, un jour de repos pour la fatigue, un cordial pour la défaillance, un secours glissé dans la main du pauvre honteux, un toit contre l'orage, des ailes aux amis qui se rapprochent, une diversion pour la tête que la pensée fait plier, l'incomparable joie de rendre heureux ceux qui nous sont chers. La richesse, c'est l'instruction, l'indépendance, la dignité, la confiance, la charité, tout ce que le développement de nos facultés peut livrer aux besoins du corps et de l'esprit ; c'est le progrès, c'est la civilisation. La richesse, c'est l'admirable résultat civilisateur de deux admirables agents, plus civilisateurs encore qu'elle-même : le travail et l'échange. » V, p.65-66

— *La création de richesse ne se fait jamais aux dépens d'autrui* : « Si l'économie politique a rendu à la société un service, c'est bien lorsqu'elle a démontré qu'entre la richesse due au travail et celle due à la rapine, légale ou non, il y a cette différence radicale que celle-ci est *toujours* et celle-là n'est *jamais* acquise aux dépens d'autrui. » II, p.128 — « À égalité de travail, un médecin, un avocat, un chanteur, un peintre, un manœuvre ne se procurent-ils pas plus de satisfactions au dix-neuvième siècle qu'au quatrième, à Paris qu'en Bretagne, en France qu'au Maroc ? Mais ce surcroît de satisfaction n'est acquis aux dépens de personne. Voilà ce qu'il faut comprendre. » VI, p.324

— *L'abondance de richesses est un bien et tout le monde la cherche* : « Si l'abondance était un fléau, cela serait aussi malheureux qu'étrange, car, quelque facile que soit le remède (s'abstenir de produire et détruire, quoi de plus aisé ?), jamais on n'y déterminera l'individualité. On a beau déclamer contre l'abondance, la surabondance, la pléthore, l'encombrement, on a beau faire la théorie de la disette, lui donner l'appui des lois, proscrire les machines, gêner, entraver, contrarier les échanges, cela n'empêche personne, pas même les coryphées de ces systèmes, de travailler à réaliser l'abondance. Sur toute la surface du globe, on ne rencontrerait pas un seul homme dont la pratique ne proteste contre ces vaines théories. On n'en rencontrerait pas un qui ne cherche à tirer le meilleur parti possible de ses forces, à les ménager, à les économiser, à en augmenter le résultat par la coopération des forces naturelles ; on n'en trouverait pas un, même parmi ceux qui déclament le plus contre la liberté des transactions, qui ne se conduise sur ce principe (tout en voulant l'interdire aux autres) : vendre le plus cher et acheter au meilleur marché possible ; — de telle sorte que la théorie de la disette qui prévaut dans les livres, dans les journaux, dans les conversations, dans les parlements, et, par là, dans les lois, est réfutée et démentie par la manière d'agir de toutes les individualités, sans aucune exception, qui composent le genre humain, ce qui est certes la plus péremptoire réfutation qu'il soit possible d'imaginer. » V, p.397 — Cf. THÉORIE

— *C'est sur cette donnée qu'il faut juger du libre-échange et de la protection* : « Voulez-vous juger entre la liberté et la protection ? voulez-vous apprécier la portée d'un phénomène économique ? Recherchez ses effets *sur l'abondance ou la rareté des choses,* et non *sur la hausse ou la baisse des prix.* Méfiez-vous des *prix absolus* : ils vous mèneraient dans un labyrinthe inextricable. » IV, p.70 — Cf. PRIX

ROME ANTIQUE

— *Les Romains ne pouvaient pas comprendre la propriété et la liberté* : « Comment eux, qui vivaient de rapine, dont toutes les propriétés étaient le fruit de la spoliation, qui avaient fondé leurs moyens d'existence sur le labeur des esclaves, comment auraient-ils pu, sans ébranler les fondements de leur société, introduire dans la législation cette pensée, que le vrai titre de la propriété, c'est le travail qui l'a produite ? Non, ils ne pouvaient ni le dire, ni le penser. » IV, p.280

— *Ils détestaient le travail et vivaient de spoliation* : « Les peuples de l'antiquité, et particulièrement les Romains, — dans la société desquels nous passons tous notre jeunesse, — qu'on nous accoutume à admirer et que l'on propose sans cesse à notre imitation, vivaient de rapine. Ils détestaient, méprisaient le travail. La guerre, le butin, les tributs et l'esclavage devaient alimenter toutes leurs consommations. » II, p.254-255 — Cf. ÉDUCATION

— *La société romaine est le pire exemple possible* : « Or, remarquez que la société romaine est directement l'opposé de ce qu'est ou devrait être notre société. Là, on vivait de guerre ; ici, nous devrions haïr la guerre. Là, on haïssait le travail ; ici, nous devons vivre du travail. Là, on fondait les moyens de subsistance sur l'esclavage et la rapine ; ici, sur l'industrie libre. » V, p.92-93 — « Car qu'y a-t-il de commun entre la

Rome antique et la France moderne ? Les Romains vivaient de rapine, et nous vivons d'industrie ; ils méprisaient et nous honorons le travail ; ils laissaient aux esclaves la tâche de produire, et c'est justement la tâche dont nous sommes chargés ; ils étaient organisés pour la guerre et nous pour la paix, eux pour la spoliation et nous pour le commerce ; ils aspiraient à la domination, et nous tendons à la fusion des peuples. » VII, p.6

— *C'est une folie de tirer notre droit du droit romain* : « Où puisons-nous nos idées sur ces matières et jusqu'à la notion du *Droit* ? Dans les livres latins, dans le Droit romain. Je n'ai pas fait mon Droit, mais il me suffit de savoir que c'est là la source de nos théories, pour affirmer qu'elles sont fausses. » IV, p.279 — « Il est triste de penser que la science du Droit, chez nous, au dix-neuvième siècle, en est encore aux idées que la présence de l'Esclavage avait dû susciter dans l'antiquité ; mais cela s'explique. L'enseignement du Droit est monopolisé en France, et le monopole exclut le progrès. » IV, p.280 — Cf. MONOPOLE

~ S ~

SALAIRE

— *Il varie selon le niveau de richesse de la société dans laquelle on vit* :
« L'Auvergnat qui descend de sa montagne, où il ne gagnait
peut-être pas dix sous par jour, ne subit pas, en arrivant à
Paris, une transformation instantanée. Ses muscles ne pren-
nent pas tout à coup de la force et son esprit du développement. Cependant il gagne 2 et 3 francs. Pourquoi ? Parce
qu'il est dans un autre milieu. » II, p.242

— *Incapacité du législateur à le faire augmenter par un salaire minimum, qui ne peut que provoquer du chômage* : « Quand il y a sur le
marché une quantité de capital et une quantité de travail
déterminées, le taux moyen des salaires s'en déduit de toute
nécessité. Les maîtres voulussent-ils l'élever par bienveillance, ils ne le pourraient pas. Si le capital est représenté par
100 fr. et le travail par 100 hommes, le salaire ne peut être
que de 1 fr. Si la philanthropie des maîtres ou de la loi le
portait à 2 fr., le capital restant à 100, comme de 100 fr. on
ne peut tirer que 50 fois 2 fr., il n'y aurait que 50 ouvriers
d'employés. » II, p.279

— *Comment le faire hausser* : « Selon nous, l'accroissement des
salaires ne dépend ni des intentions bienveillantes, ni des
décrets philanthropiques. Il dépend, et il dépend uniquement
de l'accroissement du capital. Quand dans un pays, comme
aux États-Unis, le capital se forme rapidement, les salaires
haussent et le peuple est heureux. Or, pour que les capitaux
se forment, il faut deux choses : sécurité et liberté. Il faut de

plus qu'ils ne soient pas ravis à mesure par l'impôt. » II, p.481 — Cf. CAPITAL

SAY, JEAN-BAPTISTE

— *Sentiment de Bastiat sur lui* : (Dans une lettre à Horace Say) « Votre illustre père, que je vénère aussi comme mon père intellectuel... » VII, p.377

SÉCURITÉ

— *C'est le plus grand bien* : « Pour une nation, la Sécurité est le plus grand des biens. Si, pour l'acquérir, il faut mettre sur pied cent mille hommes et dépenser cent millions, je n'ai rien à dire. » V, p.340

— *La sécurité serait mieux assurée dans une société libre* : « Toutes les forces du gouvernement étant appliquées à prévenir et à réprimer les dols, les fraudes, les délits, les crimes, les violences, il est à croire qu'elles atteindraient d'autant mieux ce but qu'elles ne seraient pas disséminées, comme aujourd'hui, sur une foule innombrable d'objets étrangers à leurs attributions essentielles. » IV, p.306 — « Je ne suis pas un profond jurisconsulte, mais je crois véritablement que si le gouvernement était renfermé dans les limites dont je parle, et que toute la force de son intelligence, de sa capacité fût dirigée sur ce point-là : améliorer les conditions de sécurité des hommes, je crois qu'on pourrait faire dans cette carrière des progrès immenses. » V, p.492 — Cf. ÉTAT

— *La France n'a rien à craindre si elle est fidèle au libre-échange et à la non-intervention* : « Avec ces trois choses : libre-échange, non-intervention, attachement des citoyens pour les institutions du pays, une nation de 36 millions d'âmes n'est pas seulement invincible, elle est inattaquable. » II, p.308 — Cf. PAIX

SERVICES PUBLICS

— *Ils ne sont pas tous mauvais* : « Quand les citoyens, au lieu de se rendre à eux-mêmes un Service, le transforment en Service public, c'est-à-dire quand ils jugent à propos de se cotiser pour faire exécuter un travail ou se procurer une satisfaction *en commun,* je n'appelle pas cela du *Communisme,* parce que je n'y vois pas ce qui fait son cachet spécial : *le nivellement par voie de spoliation.* L'État *prend,* il est vrai, par l'Impôt, mais *rend* par le Service. C'est une forme particulière, mais légitime, de ce fondement de toute société, l'*échange.* Je vais plus loin. En confiant un service spécial à l'État, les citoyens peuvent faire une bonne ou une mauvaise opération. Ils la font bonne si, par ce moyen, le service est fait avec plus de perfection et d'économie. Elle est mauvaise dans l'hypothèse contraire ; mais, dans aucun cas, je ne vois apparaître le principe communiste. Dans le premier, les citoyens ont réussi ; dans le second, ils se sont trompés, voilà tout ; et si le Communisme est une erreur, il ne s'ensuit pas que toute erreur soit du Communisme. » IV, p.519 — Cf. DÉPENSES PUBLIQUES

— *S'ils sont utiles, ils sont justes* : « Quand Jacques Bonhomme donne cent sous à un fonctionnaire contre un service réellement utile, c'est exactement comme quand il donne cent sous à un cordonnier contre une paire de souliers. Donnant donnant, partant quittes. Mais, quand Jacques Bonhomme livre cent sous à un fonctionnaire pour n'en recevoir aucun service ou même pour en recevoir des vexations, c'est comme s'il les livrait à un voleur. » IV, p.345

— *Par nature, les services publics sont toutefois inefficaces* : « Quels sont les modes d'activité humaine qui offrent le spectacle de la stagnation la plus complète ? Ne sont-ce pas précisément ceux qui sont confiés aux services publics ? Voyez l'enseignement. Il en est encore où il en était au Moyen âge. Il n'est pas sorti de l'étude de deux langues mortes, étude si rationnelle autrefois, et si irrationnelle aujourd'hui. Non seulement on enseigne les mêmes choses, mais on les enseigne par les mêmes méthodes. Quelle industrie, excepté celle-là, en est restée où elle en était il y a cinq siècles ? » II, p.478 — Cf. ÉDUCATION

— *Différence avec les services privés* : « Entre les fonctions publiques et les industries privées, il y a quelque chose de commun et quelque chose de différent. Ce qu'il y a de commun, c'est que les unes et les autres satisfont à des besoins sociaux. Celles-ci nous préservent de la faim, du froid, des maladies, de l'ignorance ; celles-là de la guerre, du désordre, de l'injustice, de la violence. C'est toujours des services rendus contre une rémunération. Mais voici ce qu'il y a de différent. Chacun est libre d'accepter ou de refuser les services privés, de les recevoir dans la mesure qui lui convient et d'en débattre le prix. Je ne puis forcer qui que ce soit à acheter mes pamphlets, à les lire, à les payer au taux auquel l'éditeur les mettrait, s'il en avait la puissance. Mais tout ce qui concerne les services publics est réglé d'avance par la loi. Ce n'est pas moi qui juge ce que j'achèterai de sécurité et combien je la paierai. Le fonctionnaire m'en donne tout autant que la loi lui prescrit de m'en donner, et je le paie pour cela tout autant que la loi me prescrit de le payer. Mon libre arbitre n'y est pour rien. » V, p.526 — « La société est l'ensemble des services que les hommes se rendent forcément ou volontairement les uns aux autres, c'est-à-dire des *services publics* et des *services privés*. Les premiers, imposés et réglementés par la loi, qu'il n'est pas toujours aisé de changer quand il le faudrait, peuvent survivre longtemps, avec elle, à leur propre utilité, et conserver encore le nom de *services publics,* même quand ils ne sont plus des services du tout, même quand ils ne sont plus que de publiques vexations. Les seconds sont du domaine de la volonté, de la responsabilité individuelle. Chacun en rend et en reçoit ce qu'il veut, ce qu'il peut, après débat contradictoire. Ils ont toujours pour eux la présomption d'utilité réelle, exactement mesurée par leur valeur comparative. C'est pourquoi ceux-là sont si souvent frappés d'immobilisme, tandis que ceux-ci obéissent à la loi du progrès. » V, p.356

SISMONDI

— *Sa critique* : « M. de Sismondi (un des hommes qui, avec les meilleures intentions du monde, ont fait le plus de mal)... » VI, p.499

SOCIALISME

— *C'est la création d'institutions artificielles* : « Quiconque, ignorant que le corps social est un ensemble de lois naturelles, comme le corps humain, rêve de créer une société artificielle, et se prend à manipuler à son gré la famille, la propriété, le droit, l'humanité, est socialiste. Il ne fait pas de la physiologie, il fait de la statuaire ; il n'observe pas, il invente ; il ne croit pas en Dieu, il croit en lui-même ; il n'est pas savant, il est tyran ; il ne sert pas les hommes, il en dispose ; il n'étudie pas leur nature, il la change, suivant le conseil de Rousseau. Il s'inspire de l'antiquité ; il procède de Lycurgue et de Platon. » IV, p.453-454

— *Pourquoi Bastiat s'oppose aux socialistes* : « Tous ont l'air de dire que si nous les combattons, c'est parce que nous craignons ou pour notre fortune, ou pour d'autres avantages sociaux. Non ; nous les combattons, parce que nous tenons leurs idées pour fausses, leurs projets pour aussi puérils que désastreux. » IV, p.301

— *Les prémisses inacceptables des socialistes* : « Ces publicistes supposent toujours deux choses inadmissibles : la première, que la société telle qu'ils la conçoivent sera dirigée par des hommes infaillibles et dénués de ce mobile, — l'intérêt ; la seconde, que la masse se laissera diriger par ces hommes. » VI, p.31

— *Inconséquence du socialisme démocratique* : « Après avoir jugé tous les hommes sans exception capables de gouverner le pays, nous les déclarons incapables de se gouverner eux-mêmes. » IV, p.431

— *Les réformateurs socialistes se prétendent les potiers ou architectes de société* : « Le publiciste ne manque jamais de s'adresser au législateur sous la forme impérative ; il lui ordonne d'ordonner. "Fondez votre peuple sur tel principe ; donnez-lui de bonnes mœurs ; pliez-le au joug de la religion ; dirigez-le vers les armes ou vers le commerce, ou vers l'agriculture, ou vers la vertu, etc., etc." Les plus modestes se cachent sous l'anonyme des ON. "ON ne souffrira pas d'oisifs dans la république ; ON distribuera convenablement la population entre les villes et les campagnes ; ON avisera à ce qu'il n'y ait ni des riches ni des pauvres, etc., etc." Ces formules attestent chez ceux qui les emploient un orgueil incommensurable. Elles impliquent une doctrine qui ne laisse pas au genre humain un atome de dignité. » VI, p.633 — « Les pétrisseurs de sociétés ont quelquefois assez de pudeur pour ne pas dire : JE ferai, JE disposerai. Ils se servent volontiers de cette forme détournée, mais équivalente : ON fera, ON ne souffrira pas. » IV, 457

— *Les socialistes supposent toujours que le peuple est une pate* : « Le point de départ de chacun d'eux est toujours celui-ci : Supposons que l'humanité est un troupeau, et que je suis le berger, comment dois-je m'y prendre pour rendre l'humanité heureuse ? — Ou bien : Étant donné d'un côté une certaine quantité d'argile, et de l'autre un potier, que doit faire le potier pour tirer de l'argile tout le parti possible ? » VI, p.632 — « Nos publicistes peuvent différer quand il s'agit de savoir quel est le meilleur potier, celui qui pétrit le plus avantageusement l'argile ; mais ils s'accordent en ceci, que leur fonction est de pétrir l'argile humaine, comme le rôle de l'argile est d'être pétrie par eux. Ils établissent entre eux, sous le titre de législateurs, et l'humanité, des rapports analogues à ceux de tuteur à pupille. Jamais l'idée ne leur vient que l'humanité est un corps vivant, sentant, voulant et agissant selon des lois qu'il ne s'agit pas d'inventer, puisqu'elles existent, et encore moins d'imposer, mais d'étudier ; qu'elle est une agglomération d'êtres en tout semblables à eux-mêmes, qui ne leur sont nullement inférieurs ni subordonnées ; qui sont doués, et d'impulsion pour agir, et d'intelligence pour choisir ; qui sentent en eux, de toutes parts, les atteintes de la Responsabilité et de la Solidarité ; et enfin, que de tous ces phénomènes, résulte un ensemble de rapports existants par eux-mêmes, que la science n'a pas à créer, comme ils l'imaginent, mais à observer. » VI, p.632

— *Les socialistes veulent réformer en anéantissant l'individu* : « De quelque coté qu'ils partent, voilà où aboutissent toujours les réformateurs modernes ; pour améliorer la société, ils commencent par anéantir l'individu, sous prétexte que tous les maux en viennent, comme si tous les biens n'en venaient pas aussi. » VI, p.350 — « Car il fallait mettre en œuvre des êtres chimériques pour faire une société chimérique. » I, p.410

— *Les socialistes ne veulent pas la liberté, ils veulent donc la non-liberté* : « Que voulez-vous donc ? dites-le franchement. Vous ne voulez pas que l'échange soit libre ! Vous voulez donc qu'il ne soit pas libre ? Vous voulez donc qu'il se fasse sous l'influence de l'oppression ? car s'il ne se faisait pas sous l'influence de l'oppression, il se ferait sous celle de la liberté, et c'est ce que vous ne voulez pas. Convenez-en, ce qui vous gêne, c'est le droit, c'est la justice ; ce qui vous gêne, c'est la propriété, non la vôtre, bien entendu, mais celle d'autrui. Vous souffrez difficilement que les autres disposent librement de leur propriété (seule manière d'être propriétaire) ; vous entendez disposer de la vôtre… et de la leur. » V, p.2

— *Les socialistes refusent le libre arbitre* : « Elles ne peuvent admettre le libre arbitre. Elles comprennent que de la liberté d'agir naît la liberté de choisir ; — que la liberté de choisir suppose la possibilité d'errer ; — que la possibilité d'errer c'est la contingence du mal. — Or, dans la société artificielle telle que l'invente un organisateur, le mal ne peut paraître. Pour cela, il faut que les hommes y soient soustraits à la possibilité d'errer ; et le plus sûr moyen, c'est qu'ils soient privés de la liberté d'agir et de choisir ou du libre arbitre. On l'a dit avec raison, le socialisme c'est le despotisme incarné. » VI, p.598

— *Pour organiser la société, il faudrait des anges omnipotents et omniscients* : « Mais où est-il ce chef d'orchestre social en mesure de faire reconnaître son titre d'infaillibilité et son droit à la domination ? I, p.444 — « Seulement montrez-moi son certificat d'infaillibilité, et je suis prêt à me laisser organiser. » I, p.446

— *Comment choisir entre tous les plans de réorganisation sociale ?* : « Et puis songez que le nombre des inventions sociales est aussi illimité que le domaine de l'imagination ; qu'il n'y a pas un publiciste, qui, se renfermant pendant quelques heures dans son cabinet, n'en puisse sortir avec un plan d'organisation artificielle à la main ; que les inventions de Fourier, Saint-Simon, Owen, Cabet, Blanc, etc., ne se ressemblent nullement entre elles ; qu'il n'y a pas de jour qui n'en voie éclore d'autres encore ; que, véritablement, l'humanité a quelque peu raison de se recueillir et d'hésiter avant de rejeter l'organisation sociale que Dieu lui a donnée, pour faire, entre tant d'inventions sociales, un choix définitif et irrévocable. Car, qu'arriverait-il, si, lorsqu'elle aurait choisi un de ces plans, il s'en présentait un meilleur ? Peut-elle chaque jour constituer la propriété, la famille, le travail, l'échange sur des bases différentes ? Doit-elle s'exposer à changer d'organisation tous les matins ? » VI, p.34

— *Diffusion du socialisme en France* : « Un système funeste semble prendre sur les esprits un dangereux ascendant. Émané de l'imagination, accueilli par la paresse, propagé par la mode, flattant chez les uns des instincts louables mais irréfléchis de philanthropie, séduisant les autres par l'appât trompeur de jouissances prochaines et faciles, ce système est devenu épidémique ; on le respire avec l'air, on le gagne au contact du monde ; la science même n'a plus le courage de lui résister ; elle se range devant lui ; elle le salue, elle lui sourit, elle le flatte, et pourtant elle sait bien qu'il ne peut soutenir un moment le sévère et impartial examen de la raison. On le nomme *socialisme*. » I, p.428 — (à propos des Français) « Puissent-ils se préserver longtemps de cette peste du socialisme ! » I, p.88

— *Clergé et université, coupables de la montée de son développement* : « Les doctrines subversives auxquelles on a donné le nom de *socialisme* ou *communisme* sont le fruit de l'enseignement classique, qu'il soit distribué par le Clergé ou par l'Université. » IV, p.448 — Cf. ÉDUCATION

— *La misère est la suite du socialisme* : « Ce sont les fausses idées *socialistes* qui ont mis les armes à la main à nos frères. Il faut dire aussi que la misère y a beaucoup contribué ; mais cette misère elle-même peut être attribuée à la même cause, car depuis qu'on a voulu faire de la *fraternité* une prescription légale, les capitaux n'osent plus se montrer. » VII, p.423

— *Le socialisme ou communisme est impraticable* : « Pour déterminer tous les hommes à la fois à rejeter comme un vêtement incommode l'ordre social actuel, dans lequel l'humanité a vécu et s'est développée depuis son origine jusqu'à nos jours, à adopter une organisation d'invention humaine et à devenir les pièces dociles d'un autre mécanisme, il n'y a, ce me semble, que deux moyens : la Force, ou l'Assentiment universel. Il faut, ou bien que l'organisateur dispose d'une force capable de vaincre toutes les résistances, de manière à ce que l'humanité ne soit entre ses mains qu'une cire molle qui se laisse pétrir et façonner à sa fantaisie ; ou obtenir, par la persuasion, un assentiment, si complet, si exclusif, si aveugle même, qu'il rende inutile l'emploi de la force. Je défie qu'on me cite un troisième moyen de faire triompher, de faire entrer dans la pratique humaine un phalanstère ou toute autre organisation sociale artificielle. Or, s'il n'y a que ces deux moyens et si l'on démontre que l'un est aussi impraticable que l'autre, on prouve par cela même que les organisateurs perdent leur temps et leur peine. » VI, p.32

— *Il ne peut pas pousser ses inconséquences jusqu'au bout* : « Dans une fausse voie, on est toujours inconséquent, sans quoi on tuerait l'humanité. Jamais on n'a vu ni on ne verra un principe faux poussé jusqu'au bout. J'ai dit ailleurs : l'inconséquence est la limite de l'absurdité. J'aurais pu ajouter : elle en est en même temps la preuve. » V, p.370

SOLIDARITÉ

— *On a abusé de cette idée de fraternité* : « Fraternité ! …, a-t-on assez abusé de ton nom ? C'est en ton nom qu'on prétend étouffer toute liberté. C'est en ton nom qu'on prétend élever un despotisme nouveau et tel que le monde n'en a jamais vu. » VI, p.404

— *Différence entre charité légale et charité forcée* : « L'économie politique distingue la charité volontaire de la charité légale ou forcée. L'une, par cela même qu'elle est *volontaire*, se rattache au principe de la liberté et entre comme élément harmonique dans le jeu des lois sociales ; l'autre, parce qu'elle est *forcée*, appartient aux écoles qui ont adopté la doctrine de la *contrainte*, et inflige au corps social des maux inévitables. La misère est méritée ou imméritée, et il n'y a que la charité libre et spontanée qui puisse faire cette distinction essentielle. Si elle a des secours même pour l'être dégradé qui a encouru son malheur par sa faute, elle les distribue d'une main parcimonieuse, justement dans la mesure nécessaire pour que la punition ne soit pas trop sévère ; et elle n'encourage pas, par d'inopportunes délicatesses, des sentiments abjects et méprisables, qui, dans l'intérêt général, ne doivent pas être encouragés. Elle réserve, pour les infortunes imméritées et cachées, la libéralité de ses dons et ce secret, cette ombre, ces ménagements auxquels a droit le malheur, au nom de la dignité humaine. Mais la charité légale, contrainte, organisée, décrétée comme une *dette* du côté du donateur et une *créance* positive du côté du donataire, ne fait ni ne peut faire une telle distinction. » I, p.421-422 — Cf. REDISTRIBUTION DES RICHESSES, RESPONSABILITÉ INDIVIDUELLE.

— *Décréter la solidarité par la loi, c'est l'anéantir* : « La fraternité est spontanée, ou n'est pas. La décréter, c'est l'anéantir. » IV, p.301 — « Si vous faites de la fraternité une prescription légale, dont les actes soient prévus et rendus obligatoires par le Code industriel, que reste-t-il de cette définition ? Rien qu'une chose : le sacrifice ; mais le sacrifice involontaire, forcé, déterminé par la crainte du châtiment. Et, de bonne foi, qu'est-ce qu'un sacrifice de cette nature, imposé à l'un au profit de l'autre ? Est-ce de la fraternité ? Non, c'est de l'injustice ; il faut dire le mot, c'est de la spoliation légale, la pire des spoliations, puisqu'elle est systématique, permanente et inévitable. » IV, p.318-319 — « Le désintéressement, tout admirable qu'il est, ne mérite même plus son nom s'il est exigé par la loi. » II, p.342 — « En effet, il m'est tout à fait impossible de séparer le mot *fraternité* du mot *volontaire*. Il m'est tout à fait impossible de concevoir la Fraternité *légalement* forcée, sans que la Liberté soit *légalement* détruite, et la Justice *légalement* foulée aux pieds. » IV, p.357

— *Les mesures temporaires d'aide aux démunis sont justifiables ; leur systématisation ne l'est pas* : « Il y a un article de la Constitution qui porte : "La société favorise et encourage le développement du travail... par l'établissement par l'État, les départements et les communes, de travaux publics propres à employer les bras inoccupés." Comme mesure temporaire, dans un temps de crise, pendant un hiver rigoureux, cette intervention du contribuable peut avoir de bons effets. Elle agit dans le même sens que les assurances. Elle n'ajoute rien au travail ni au salaire, mais elle prend du travail et des salaires sur les temps ordinaires pour en doter, avec perte il est vrai, des époques difficiles. Comme mesure permanente, générale, systématique, ce n'est autre chose qu'une mystification ruineuse, une impossibilité, une contradiction qui montre un peu de travail stimulé qu'*on voit,* et cache beaucoup de travail empêché qu'*on ne voit pas.* » V, p.355-356

— *Vertus et dangers de l'aumône* : « L'aumône peut faire un bien actuel et local, mais elle ne peut avoir qu'une influence bien restreinte, si même elle n'est funeste, sur le bien-être de la classe laborieuse ; car elle ne développe pas, peut-être même paralyse-t-elle la vertu la plus propre à élever cette classe, la *prévoyance.* Propager des idées saines, et surtout les habitudes empreintes d'une certaine dignité, c'est là le plus grand bien, le bien permanent que l'on peut conférer aux classes inférieures. » VI, p.530 — Cf. RESPONSABILITÉ INDIVIDUELLE.

SOPHISME

— *Sa définition selon Bastiat* : « Les sophismes ne sont pas des raisonnements faux, ce sont des raisonnements incomplets. Ils ont le tort de ne montrer qu'une chose là où il y en a deux ; et la médaille par un seul côté. » II, p.281

— *Les sophismes ont une origine commune* : « Tous les *sophismes économiques,* malgré leur infinie variété, ont cela de commun qu'ils confondent le *moyen* avec le *but,* et développent l'un aux dépens de l'autre. » IV, p.115

— *Les interventionnistes défendent des vérités incomplètes* : « Oui, nous en convenons, nos adversaires dans la discussion ont sur nous un avantage signalé. Ils peuvent, en quelques mots, exposer une vérité incomplète ; et, pour montrer qu'elle est *incomplète,* il nous faut de longues et arides dissertations. » IV, p.2 — « Le fouriérisme, le saint-simonisme, le communisme, le mysticisme, le sentimentalisme, la fausse philanthropie, les aspirations affectées vers une égalité et une fraternité chimériques, les questions relatives au luxe, aux salaires, aux machines, à la prétendue tyrannie du capital, aux colonies, aux débouchés, aux conquêtes, à la population, à l'association, à l'émigration, aux impôts, aux emprunts, ont encombré le champ de la science d'une foule d'arguments parasites, de *sophismes* qui sollicitent la houe et la binette de l'économiste diligent. » IV, p.119

— *Les sophismes sont la cause des problèmes, car l'opinion dirige tout* : « Le monde ne sait pas assez l'influence que le *Sophisme* exerce sur lui. » IV, p.124 — « Dans un pays où aucune loi ne peut être votée, aucune contribution établie qu'avec le consentement de ceux que cette loi doit régir ou que cet impôt doit frapper, on ne peut voler le public qu'en commençant par le tromper. Notre ignorance est la *matière première* de toute extorsion qui s'exerce sur nous, et l'on peut être assuré d'avance que tout *sophisme* est l'avant-coureur d'une spoliation. — Bon public, quand tu vois un sophisme dans une pétition, mets la main sur ta poche, car c'est certainement là que l'on vise. » IV, p.113 — « Pour voler le public, il faut le tromper. Le tromper, c'est lui persuader qu'on le vole pour son avantage ; c'est lui faire accepter en échange de ses biens des services fictifs, et souvent pis. » IV, p.125 — Cf. OPINION

— *Le sophisme de Montaigne : le profit de l'un est le dommage de l'autre* : « Sophisme type, sophisme souche, d'où sortent des multitudes de sophismes, sophisme polype, qu'on ne peut couper en mille que pour donner naissance à mille sophismes, sophisme anti humain, anti-chrétien, anti-logique ; boîte de Pandore d'où sont sortis tous les maux de l'humanité, haines, défiances, jalousies, guerres, conquêtes, oppressions ; mais d'où ne pouvait sortir l'espérance. » VII, p.327

— *Le sophisme* post hoc, ergo propter hoc *(à la suite de cela, donc à cause de cela)* : « *Post hoc, ergo propter hoc* ; méfiez-vous de ce sophisme. » IV, p.189

SPOLIATION

— *Définition selon Bastiat* : « Je crois devoir m'expliquer sur le mot Spoliation. Je ne le prends pas, ainsi qu'on le fait trop souvent, dans une acception vague, indéterminée, approximative, métaphorique : je m'en sers au sens tout à fait scientifique, et comme exprimant l'idée opposée à celle de la Propriété. Quand une portion de richesses passe de celui qui l'a acquise, sans son consentement et sans compensation, à celui qui ne l'a pas créée, que ce soit par force ou par ruse, je dis qu'il y a atteinte à la Propriété, qu'il y a Spoliation. Je dis que c'est là justement ce que la Loi devrait réprimer partout et toujours. Que si la Loi accomplit elle-même l'acte qu'elle devrait réprimer, je dis qu'il n'y a pas moins Spoliation, et même, socialement parlant, avec circonstance aggravante. » IV, p.358

— *Elle peut être illégale (vol, etc.) ou légale (par l'État)* : « On est d'abord porté à penser que la Spoliation ne se manifeste que sous la forme de ces *vols* définis et punis par le Code. S'il en était ainsi, je donnerais, en effet, une trop grande importance sociale à des faits exceptionnels, que la conscience publique réprouve et que la loi réprime. Mais, hélas ! il y a la spoliation qui s'exerce avec le consentement de la loi, par l'opération de la loi, avec l'assentiment et souvent aux applaudissements de la société. C'est cette Spoliation seule qui peut prendre des proportions énormes, suffisantes pour altérer la distribution de la richesse dans le corps social, paralyser pour longtemps la force de nivellement qui est dans la Liberté, créer l'inégalité permanente des conditions, ouvrir le gouffre de la misère, et répandre sur le monde ce déluge de maux que des esprits superficiels attribuent à la Propriété. » IV, p.426 — « Le vol individuel peut être rare, sévèrement réprimé, mais la spoliation est organisée, légalisée, systématisée. » VI, p.262

— *Elle est la pire quand elle est faite par l'État* : « Il y a des gens qui pensent que la spoliation perd toute son immoralité pourvu qu'elle soit légale. Quant à moi, je ne saurais imaginer une circonstance plus aggravante. » V, p.367

— *Ses différentes formes* : « La spoliation au dehors s'appelle guerre, conquêtes, colonies. La spoliation au dedans se nomme impôts, places, monopoles. Les aristocraties civilisées se livrent généralement à ces deux genres de spoliation ; les aristocraties barbares sont obligées de s'interdire le second par une raison bien simple, c'est qu'il n'y a pas autour d'elles une classe industrieuse à dépouiller. » III, p.11

— *Différence entre production et spoliation* : « Pour produire, il faut diriger toutes ses facultés vers la domination de la nature ; car c'est elle qu'il s'agit de combattre, de dompter et d'asservir. C'est pourquoi le fer converti en charrue est l'emblème de la production. Pour spolier, il faut diriger toutes ses facultés vers la domination des hommes ; car ce sont eux qu'il faut combattre, tuer ou asservir. C'est pourquoi le fer converti en épée est l'emblème de la spoliation. » VI, p.581

— *La spoliation, c'est l'inverse de l'échange libre* : « La véritable et équitable loi des hommes, c'est : *Échange librement débattu de service contre service*. La Spoliation consiste à bannir par force ou par ruse la liberté du débat afin de recevoir un service sans le rendre. » IV, p.131

— *Importance de la spoliation comme phénomène économique* : « Les économistes n'en ont parlé qu'incidemment, et en tant qu'elle implique quelque erreur, quelque fausse notion scientifique. Exposant les lois générales, ils n'avaient pas, pensaient-ils, à s'occuper de l'effet de ces lois, quand elles n'agissent pas, quand elles sont violées. Cependant la spoliation a joué et joue encore un trop grand rôle dans le monde pour que, même comme économiste, nous puissions nous dispenser d'en tenir compte. Il ne s'agit pas seulement de vols accidentels, de larcins, de crimes isolés. — La guerre, l'esclavage, les impostures théocratiques, les privilèges, les monopoles, les restrictions, les abus de l'impôt, voilà les manifestations les plus saillantes de la spoliation. » VI, p.502

— *Les problèmes viennent de la spoliation et de l'oppression* : « Nous avons vu toutes les *Harmonies sociales* contenues en germe dans ces deux principes : PROPRIÉTÉ, LIBERTÉ. — Nous verrons que toutes les *dissonances sociales* ne sont que le développement de ces deux autres principes antagoniques aux premiers : SPOLIATION, OPPRESSION. » VI, p.390

— *Même habillée du mot de fraternité, la spoliation reste la spoliation* : « La spoliation légale aura beau emprunter le nom de la fraternité, et sa figure, et ses formules, et ses insignes ; elle ne sera jamais qu'un principe de discorde, de confusion, de prétentions injustes, d'effroi, de misère, d'inertie et de haines. IV, p.320 — Cf. SOLIDARITÉ

— *Bastiat conseille d'écrire son histoire* : « Un travail bien important à faire, pour l'économie politique, c'est d'écrire l'histoire de la Spoliation. C'est une longue histoire dans laquelle, dès l'origine, apparaissent les conquêtes, les migrations des peuples, les invasions et tous les funestes excès de la force aux prises avec la justice. De tout cela il reste encore aujourd'hui des traces vivantes, et c'est une grande difficulté pour la solution des questions posées dans notre siècle. On n'arrivera pas à cette solution tant qu'on n'aura pas bien constaté en quoi et comment l'injustice, faisant sa part au milieu de nous, s'est impatronisée dans nos mœurs et dans nos lois. » I, p.xliv

— *Mauvaise individuellement, pourquoi apparait-elle bonne à l'état d'une nation ?* : « Quand elle se passe d'individu à individu, elle se nomme *vol* et mène au bagne ; quand c'est de nation à nation, elle prend nom *conquête* et conduit à la gloire. » IV, p.131

— *Tout le monde veut se servir de l'État pour profiter de tout le monde* : « Aujourd'hui comme autrefois, chacun, un peu plus, un peu moins, voudrait bien profiter du travail d'autrui. Ce sentiment, on n'ose l'afficher, on se le dissimule à soi-même ; et alors que fait-on ? On imagine un intermédiaire, on s'adresse à l'ÉTAT, et chaque classe tour à tour vient lui dire : "Vous qui pouvez prendre loyalement, honnêtement, prenez au public, et nous partagerons." » IV, p.332

— *Elle provoque des révolutions perpétuelles* : « Nous voilà donc lancés dans des révolutions perpétuelles, ayant pour unique objet de résoudre cette question : Comment et par qui les intérêts de l'humanité seront-ils froissés ? » VI, p.569

— *Via la loi, il y a pillage réciproque par l'impôt* : « Que devons-nous penser d'un peuple où l'on ne paraît pas se douter que le *pillage réciproque* n'en est pas moins pillage parce qu'il est réciproque ; qu'il n'en est pas moins criminel parce qu'il s'exécute légalement et avec ordre ; qu'il n'ajoute rien au bien-être public ; qu'il le diminue au contraire de tout ce que coûte cet intermédiaire dispendieux que nous nommons l'ÉTAT ? » IV, p.333

— *Entourée de beaux slogans, elle se développera dans le futur* : « Je le dis sincèrement : je crois que nous entrons dans une voie où, avec des formes fort douces, fort subtiles, fort ingénieuses, revêtues des beaux noms de solidarité et de fraternité, la spoliation va prendre des développements dont l'imagination ose à peine mesurer l'étendue. » IV, p.432 — « Sous la dénomination d'*État*, on considère la collection des citoyens comme un être réel, ayant sa vie propre, sa richesse propre, indépendamment de la vie et de la richesse des citoyens eux-mêmes, et puis chacun s'adresse à cet être fictif pour en obtenir qui l'instruction, qui le travail, qui le crédit, qui les aliments, etc., etc. Or, l'État ne peut rien donner aux citoyens qu'il n'ait commencé par le leur prendre. Les seuls effets de cet intermédiaire, c'est d'abord une grande déperdition de forces, et ensuite la complète destruction de l'*équivalence des services*, car l'effort de chacun sera de livrer le moins possible aux caisses de l'État et d'en retirer le plus possible. En d'autres termes, le Trésor public sera au pillage. » IV, p.432

— *La solution : que personne ne spolie personne* : « Il faut absolument que cette question de Spoliation légale se vide, et il n'y a que trois solutions. Que le petit nombre spolie le grand nombre. Que tout le monde spolie tout le monde. Que personne ne spolie personne. » IV, p.356 — « Absence de Spoliation, — c'est le principe de justice, de paix, d'ordre, de stabilité, de conciliation, de bon sens que je proclamerai de toute la force, hélas ! bien insuffisante, de mes poumons, jusqu'à mon dernier souffle. » IV, p.356

STATISTIQUES

— *Valeur des statistiques officielles* : « Quand on avance des chiffres à cette tribune, on croit leur donner une autorité très grande en disant : ce sont des chiffres officiels. Mais les chiffres officiels trompent comme les autres ; cela dépend de l'emploi qu'on en fait. » V, p.471

— *Les chiffres ne sont pas une source d'information suffisante* : « Le fait et le chiffre n'apprennent rien par eux-mêmes. Ils ont leurs causes et leurs conséquences, et comment les démêler *sans raisonner* ? » II, p.13

SUBVENTIONS

— *Pourquoi la subvention aux entreprises reste pratiquée* : « Ce qui perpétue ce régime, ce qui le rend populaire, c'est que le

bénéfice crève les yeux, tandis que la cotisation qui le constitue passe inaperçue. » II, p.34

— *Sont-elles une aide ?* : « Est-il certain que les subventions
favorisent le progrès de l'art ? C'est une question qui est loin
d'être résolue, et nous voyons de nos yeux que les théâtres
qui prospèrent sont ceux qui vivent de leur propre vie. » V,
p.348

SURPRODUCTION

— *La crise de surproduction est une absurdité* : « Ne serait-ce pas,
au premier coup d'œil, une chose bien surprenante que la
misère, le dénuement, la privation des produits eussent pour
cause.... quoi ? précisément la surabondance des produits.
N'est-il pas singulier qu'on vienne nous dire que si les hommes n'ont pas suffisamment de quoi se nourrir, c'est qu'il y a
trop d'aliments dans le monde ? que s'ils n'ont pas de quoi se
vêtir, c'est que les machines jettent trop de vêtements sur le
marché ? Assurément le paupérisme en Angleterre est un fait
incontestable ; l'inégalité des richesses y est frappante. Mais
pourquoi aller chercher à ces phénomènes une cause si bizarre, quand ils s'expliquent par une cause si naturelle : la
spoliation systématique des travailleurs par les oisifs ? » III,
p.14

SYNDICATS

— *Les coalitions ouvrières ne sont pas blâmables* : « D'abord, que la
coalition soit blâmable, c'est précisément le point sur lequel
on n'est pas d'accord, *quod erat demonstrandum*, c'est ce qu'il
faut prouver ; elle est blâmable selon le but qu'elle se propose et surtout selon les moyens qu'elle emploie. Si la coalition se borne à la force d'inertie, à la passiveté, si les ouvriers
se sont concertés, se sont entendus et qu'ils disent : Nous ne

voulons pas vendre notre marchandise, qui est du travail, à tel prix, nous en voulons tel autre, et si vous refusez, nous allons rentrer dans nos foyers ou chercher de l'ouvrage ailleurs, — il me semble qu'il est impossible de dire que ce soit là une action blâmable. » V, p.498

~ T ~

THÉORIE

— *La preuve de la valeur d'une théorie est dans les faits du monde entier* : « Rien n'étant plus propre à donner confiance à une théorie que le consentement raisonné et pratique des hommes de tous les temps et de tous les pays. » VI, p.268 — « Je l'ai déjà dit et je le répète : une théorie m'inspire de la confiance quand je la vois d'accord avec la pratique universelle. Or, il est positif que les nations feraient entre elles certains échanges si on ne le leur interdisait *par la force*. Il faut la baïonnette pour les empêcher, donc on a tort de les empêcher. » VI, p.364

THOMPSON, THOMAS PERRONET (MEMBRE DE LA LIGUE ANGLAISE)

— *Appréciation par Bastiat* : « Ce vétéran de la cause de la liberté commerciale s'est acquis en Angleterre une immense réputation par ses discours et ses nombreux écrits. » III, p.280 — Cf. LIGUE ANGLAISE POUR LE LIBRE-ÉCHANGE

TRAITÉS DE COMMERCE

— *Pourquoi ils sont funestes* : « Les *traités de commerce* sont toujours et nécessairement contraires aux saines doctrines, parce qu'ils reposent tous sur cette idée que l'importation est funeste *en soi*. » II, p.82 — Cf. IMPORTATION

— *Leur effet douteux sur la liberté des échanges* : « Remarquez même qu'un traité, dans le sens de l'échange, ne peut être que la destruction de conventions contraires ; si bien que, lorsqu'il arrive à stipuler le libre-échange, il ne stipule plus rien du tout. Il se borne à laisser les parties stipuler pour elles-mêmes. » II, p.407

— *Ils attisent les haines nationales* : « Les traités de commerce ont l'inconvénient d'éveiller l'hostilité de tous les peuples, hors un. — *Je veux bien acheter des vins, pourvu qu'ils ne soient pas français.* — Voilà le traité de Méthuen. — *Je veux bien acheter des toiles, pourvu quelles ne soient pas à bon marché, c'est-à-dire anglaises.* — Voilà le traité belge. — Quand notre siècle sera vieux, je crains bien qu'il ne dise : À quarante-six ans, dans mon âge mûr, j'étais encore bien novice. » II, p.83 — Cf. NATIONS

TRAVAIL

— *Différence entre le travail et la guerre* : « Voilà pourquoi il n'est pas permis d'assimiler, comme on le fait, le travail à la guerre. Dans la guerre, *le plus fort accable le plus faible*. Dans le travail, *le plus fort communique de la force au plus faible*. Cela détruit radicalement l'analogie. » IV, p.269 — Cf. INDUSTRIE

— *L'avis des économistes sur son organisation* : « Il y en a qui nous disent : Vous êtes donc les partisans du *laissez passer ?* des économistes de l'école surannée des Smith et des Say ? Vous ne voulez donc pas l'*organisation du travail ?* Eh ! messieurs, organisez le travail tant qu'il vous plaira. Mais nous veillerons, nous, à ce que vous n'organisiez pas le *vol.* » IV, p.197

— *Rendre du travail superflu, c'est un progrès* : « La somme des satisfactions restant la même, tout travail rendu superflu par l'invention ou par l'échange est une conquête pour le genre humain, un moyen d'étendre le cercle de ses jouissances. » VII, p.57 — Cf. MACHINES

~ U ~

UTILITÉ

— *Définition selon Bastiat* : « Que d'autres se perdent dans les définitions. Pour moi, j'entends par *Utilité* ce que tout le monde comprend par ce mot, dont l'étymologie marque très exactement le sens. Tout ce qui *sert*, que ce soit de par la nature, de par le travail ou de par les deux, est *Utile*. » IV, p.403

— *Il faut distinguer la valeur et l'utilité* : « Habituons-nous donc à distinguer l'Utilité de la Valeur. Il n'y a de science économique qu'à ce prix. Loin que l'Utilité et la Valeur soient identiques ou même assimilables, j'ose affirmer, sans crainte d'aller jusqu'au paradoxe, que ce sont des idées opposées. » VI, p.187 — « Après tout, si l'on persiste à voir dans l'Utilité le fondement de la Valeur, je le veux bien ; mais qu'il soit bien entendu qu'il ne s'agit pas de cette utilité qui est dans les choses et les phénomènes par la dispensation de la Providence ou la puissance de l'art, mais de l'utilité des services humains comparés et échangés. » VI, p.189 — « En tout ce qui est propre à satisfaire nos besoins et nos désirs, il y a à considérer, à distinguer deux choses, ce qu'a fait la nature et ce que fait l'homme, — ce qui est gratuit et ce qui est oné-reux, — le don de Dieu et le service humain, — l'*utilité* et la *valeur*. » VI, p.207 — « Les théoriciens ont d'abord commen-cé par confondre la Valeur avec l'utilité, c'est-à-dire le mal avec le bien (car l'utilité, c'est le résultat désiré, et la Valeur vient de l'obstacle qui s'interpose entre le résultat et le désir) ; c'était une première faute, et quand ils en ont aperçu les conséquences, ils ont cru sauver la difficulté en imaginant de distinguer la Valeur d'utilité de la Valeur d'échange, tautologie encombrante qui avait le tort d'attacher le même mot — Valeur — à deux phénomènes opposés. » VI, p.218

— *L'utilité est le fondement de la valeur des choses* : « J'admettrai avec M. Say que l'Utilité est le fondement de la Valeur, pourvu qu'on convienne qu'il ne s'agit nullement de l'utilité qui est dans les choses, mais de l'utilité relative des services. » VI, p.192-193 — Cf. VALEUR

— *Dans ce mot se trouve ce qui distingue l'école libérale et l'école socialiste* : « Je dis que si l'on remonte au *point précis* qui divise ces deux écoles, on le trouve dans l'application vraie ou fausse du mot *utilité*. Ainsi que vous venez de le dire vous-même, chaque produit a deux espèces d'utilité : l'une est relative au consommateur, et consiste *à satisfaire des besoins* ; l'autre a trait au producteur, et consiste *à être l'occasion d'un travail*. On peut donc appeler la première de ces utilités *fondamentale*, et la seconde *occasionnelle*. L'une est la boussole de la vraie science, l'autre la boussole de la fausse science. Si l'on a le malheur, comme cela est trop commun, de monter à cheval sur le second principe, c'est-à-dire de ne considérer les produits que dans leurs rapports avec les producteurs, on voyage avec une boussole retournée, on s'égare de plus en plus ; on s'enfonce dans la région des *privilèges*, des *monopoles*, de l'*antagonisme*, des *jalousies nationales*, de la *dissipation*, de la *réglementation*, de la *politique* de *restriction* et d'*envahissement* ; en un mot, on entre dans une série de conséquences subversives de l'humanité, prenant constamment le mal pour le bien, et cherchant dans des maux nouveaux le remède aux maux qu'on a fait surgir de la législation. Si, au contraire, on prend pour flambeau et pour boussole, au point de départ, l'intérêt du consommateur, ou plutôt de la *consommation générale*, on s'avance vers la liberté, l'égalité, la fraternité, la paix univer-

selle, le bien-être, l'épargne, l'ordre et tous les principes pro-
gressifs du genre humain. » II, p.368-369

~ V ~

VALEUR

— *Définition* : « J'appelle *Valeur* cette portion seulement d'*utilité* que le travail communique ou ajoute aux choses, en sorte que deux choses se *valent* quand ceux qui les ont *travail-lées* les échangent librement l'une contre l'autre. » IV, p.403

— *La valeur ne provient pas du travail* : « La valeur n'implique pas essentiellement le travail ; encore moins lui est-elle nécessairement proportionnelle. J'ai montré que la valeur avait pour fondement moins la *peine prise* par celui qui la cède que la *peine épargnée* à celui qui la reçoit, et c'est pour cela que je l'ai fait résider dans quelque chose qui embrasse ces deux éléments : le *service*. On peut rendre, ai-je dit, un grand service avec un très léger effort, comme avec un grand effort on peut ne rendre qu'un très médiocre service. Tout ce qui en résulte, c'est que le travail n'obtient pas nécessairement une rémunération toujours proportionnelle à son intensité. Cela n'est pas pour l'homme isolé plus que pour l'homme social. » VI, p.341

— *Elle dépend du service rendu* : « Ce qui limite la *valeur d'un service*, ce n'est jamais la volonté de celui qui le rend, c'est quand celui à qui on l'offre peut s'en passer, ou se le rendre à lui-même, ou s'adresser à d'autres. » VI, p.412 — « Nous nous rendons des services réciproques ; mais ces services ne sont pas proportionnels à la durée ou à l'intensité du travail. Ils ne se mesurent pas au dynamomètre ou au chronomètre. Que j'aie pris une peine d'une heure ou d'un jour, peu importe à celui à qui j'offre mon service. Ce qu'il regarde, ce n'est pas la peine que je prends, mais celle que je lui épargne. » VI, p.420 — « Non, la valeur vient du service reçu et rendu ; et le service dépend autant, si ce n'est plus, de la peine épargnée à celui qui le reçoit que de la peine prise par celui qui le rend. À cet égard, les faits les plus usuels confirment le raisonnement. Quand j'achète un produit, je puis bien me demander : "Combien de temps a-t-on mis à le faire ?" Et c'est là sans doute un des éléments de mon évaluation ; mais je me demande encore et surtout : "Combien de temps mettrais-je à le faire ? Combien de temps ai-je mis à faire la chose qu'on me demande en échange ?" » VI, p.483 — « Tout ce que j'ai à démontrer ici, c'est que la prétendue Valeur des choses n'est que la Valeur des services, réels ou imaginaires, reçus et rendus à leur occasion ; qu'elle n'est pas dans les choses mêmes, pas plus dans le pain que dans le diamant, ou dans l'eau ou dans l'air ; qu'aucune part de rémunération ne va à la nature ; qu'elle se distribue tout entière, par le consommateur définitif, entre des hommes ; et qu'elle ne peut leur être par lui accordée que parce qu'ils lui ont rendu des services, sauf le cas de fraude ou de violence. » VI, p.157

— *Valeur des services du banquier, du commerçant, etc.* : « Industriels, avocats, médecins, fonctionnaires, banquiers, négociants, marins, militaires, artistes, ouvriers, tous tant que nous sommes, à l'exception des hommes de rapine, nous rendons et recevons des *services*. Or, ces services réciproques étant seuls commensurables entre eux, c'est en eux seuls que réside la *valeur*, et non dans la matière gratuite et dans les agents naturels gratuits qu'ils mettent en œuvre. Qu'on ne dise donc point, comme c'est aujourd'hui la mode, que le négociant est un intermédiaire parasite. Prend-il ou ne prend-il pas une peine ? Nous épargne-t-il ou non du travail ? Rend-il ou non des *services* ? S'il rend des *services*, il crée de la *valeur* aussi bien que le fabricant. » IV, p.407

— *La valeur n'existe que dans la liberté* : « On aura beau épiloguer et subtiliser, il est impossible de concevoir l'idée de valeur sans y associer celle de liberté. » VI, p.535 — « Les notions de troc, échange, appréciation, valeur, ne se peuvent donc concevoir sans *liberté*, non plus que celle-ci sans *responsabilité*. » VI, p.540

TABLE DES ENTRÉES

ANGLETERRE
ANTIQUITÉ
ARMÉE
ASSEMBLÉE
ASSOCIATION
BALANCE DU COMMERCE
BANQUE
BASTIAT, FRÉDÉRIC
BLANC, LOUIS
BRIGHT, JOHN (MEMBRE DE LA
   LIGUE ANGLAISE)
CAPITAL
CENSEUR EUROPÉEN
CLASSES SOCIALES
COBDEN ET LA LIGUE (LIVRE)
COBDEN, RICHARD
COLONIES
COMMERCE INTERNATIONAL
COMMUNISME
COMTE, CHARLES
CONCURRENCE
CONSOMMATEUR
CONSTRUCTIVISME
CRÉDIT AGRICOLE
CYCLES ÉCONOMIQUES
DE LA LIBERTÉ DU TRAVAIL
   (LIVRE DE CHARLES DUNOYER)
DÉMOCRATIE
DÉPENSES PUBLIQUES
DIFFUSION DES IDÉES
DOUANES
DUNOYER, CHARLES
ÉCHANGE
ÉCONOMIE POLITIQUE
ÉCONOMISTES
ÉDUCATION
ÉPARGNE
ESCLAVAGE
ÉTAT
ÉTATS-UNIS
FEMMES
FONCTIONNAIRES
FRANCE
FRANKLIN, BENJAMIN
GRATUITÉ

GUERRE
HARMONIE
HARMONIES ÉCONOMIQUES
   (LIVRE)
IMPÉRIALISME
IMPORTATIONS
IMPÔTS
INCOMPATIBILITÉS PARLEMEN-
   TAIRES
INDUSTRIE
INÉGALITÉS
INITIATIVE INDIVIDUELLE
INTÉRÊT DE L'ARGENT
INTÉRÊT PERSONNEL
INTERVENTIONNISME MILITAIRE
JACQUES BONHOMME (JOURNAL)
JOURNAL DES ÉCONOMISTES
JOURNALISME
JUSTICE
LAISSER FAIRE
LÉGITIME DÉFENSE
LIBERTÉ
LIBERTÉ D'ASSOCIATION
LIBRE-ÉCHANGE
LIGUE ANGLAISE POUR LE LIBRE-
   ÉCHANGE
LIGUE FRANÇAISE POUR LE
   LIBRE-ÉCHANGE
LIVRES
LOI
LOI CÉRÉALE (CORN-LAW)
LOIS ÉCONOMIQUES
MACHINES
MALTHUS, THOMAS
MERCANTILISME
MÉTHODOLOGIE
MONNAIE
MONOPOLE
MORALE
NATIONS
NATURE
OPINION
OUVRIERS
PAIX
PARIS

POLITIQUE
POLITIQUE ÉTRANGÈRE
POSTE
PRÊT À INTÉRÊT
PRINCIPES
PRIVILÈGES
PRIX
PROGRAMME POLITIQUE
PROPRIÉTÉ
PROPRIÉTÉ INTELLECTUELLE
PROTECTIONNISME
REDISTRIBUTION DES RICHESSES
RELIGION
RESPONSABILITÉ INDIVIDUELLE
RETRAITE
RICHESSE
ROME ANTIQUE
SALAIRE
SAY, JEAN-BAPTISTE

SÉCURITÉ
SERVICES PUBLICS
SISMONDI
SOCIALISME
SOLIDARITÉ
SOPHISME
SPOLIATION
STATISTIQUES
SUBVENTIONS
SURPRODUCTION
SYNDICATS
THÉORIE
THOMPSON, THOMAS PERRONET
  (MEMBRE DE LA LIGUE
  ANGLAISE)
TRAITÉS DE COMMERCE
TRAVAIL
UTILITÉ
VALEUR

SOMMAIRE DETAILLÉ

ANGLETERRE — Ce pays n'est pas un exemple de libéralisme ; Co-existence de deux classes distinctes dans ce pays ; Les réformes y sont maintenant faites en suivant la justice ; La spoliation dans ce pays.

ANTIQUITÉ — Il y avait beaucoup d'organisateurs de peuple.

ARMÉE — L'inutilité des grandes armées sous un système de libre-échange ; La nécessité des désarmements ; Volonté de supprimer des effectifs ; Les grandes armées amènent des problèmes ; Notre attitude menaçante arme les autres nations ; Dangerosité de la « diplomatie armée ».

ASSEMBLÉE — Elle pèche par ignorance plutôt que par malveillance ; Bastiat trop faible pour parler à la tribune ; Activités de Bastiat à la chambre, là où il ne pouvait pas parler à la tribune ; Les votes de Bastiat à l'Assemblée.

ASSOCIATION — Difficulté de s'associer.

BALANCE DU COMMERCE — Ce sophisme n'est pas mort.

BANQUE — Liberté des banques.

BASTIAT, FRÉDÉRIC — Le rôle de Bastiat fut d'être un vulgarisateur des vérités économiques ; Peu d'intérêt de sa biographie ; Témoignage sur ses débuts ; Son activité littéraire ; Pourquoi il utilisait l'ironie ; Son accent ; Son élocution difficile ; Il n'est pas fait pour la politique.

BLANC, LOUIS — Son socialisme trouve en Bastiat un grand adversaire.

BRIGHT, JOHN (MEMBRE DE LA LIGUE ANGLAISE) — Appréciation par Bastiat.

CAPITAL — C'est une notion centrale en économie politique ; La critique que l'on en fait ; Confusion du capital et du numéraire ; Il n'est pas le fruit d'un vol ; Il est ridicule d'opposer capital et travail ; Le sort de l'ouvrier dépend du capital ; Les travailleurs ne doivent pas être tristes de payer un intérêt ; L'intérêt de tous est de le favoriser.

CENSEUR EUROPÉEN — Importance de cette publication pour le jeune Bastiat.

CLASSES SOCIALES — Bastiat ne croit pas à leur antagonisme présumé ; Elles n'existent même pas ; Le mot bourgeoisie est un mot vide de sens ; Elles n'existeraient pas dans une société libre et un marché libre.

COBDEN ET LA LIGUE (LIVRE) — Qualité de la traduction que Bastiat fait de Cobden ; Ce livre une révélation ; Son peu de succès.

COBDEN, RICHARD — Cobden a un mérite : il a diffusé les idées libérales ; Il est un libéral complet ; C'est Cobden qui a fait gagner le libre-échange en Angleterre ; Ses mérites sur la question de la paix ; Il est inconnu en France ; Son éloge par Bastiat.

COLONIES — Le système colonial est une illusion funeste.

COMMERCE INTERNATIONAL — La différence des coûts de production dans l'échange international.

COMMUNISME — Bastiat pense que ce genre de plan social ne sera jamais appliqué ; C'est avant tout une guerre sociale ; Les propriétaires fonciers, accusés de l'avoir favorisé ; Sa critique par Bastiat ; Comment s'y opposer.

COMTE, CHARLES — Sur le *Traité de législation* de Charles Comte.

CONCURRENCE — Le mot concurrence a provoqué beaucoup de critiques ; Ce que concurrence veut dire ; Ses effets ; Elle force chacun à être le meilleur possible ; Elle produit l'antagonisme mais aussi l'harmonie entre les hommes ; Elle produit l'égalité croissante.

CONSOMMATEUR — Il faut étudier toutes les questions économiques de son point de vue ; C'est sur lui que les effets d'une loi se font finalement sentir ; Son intérêt est le même que l'intérêt général ; Dans l'assemblée, c'est son intérêt qu'il faut écouter ; Pour prospérer, il faut laisser prospérer sa clientèle ; La demande détermine tout.

CONSTRUCTIVISME — Cette idée que l'humanité est une matière inerte prête pour les expérimentations ; Cette vile matière qu'on organise, pourtant, c'est l'humanité ; Le problème, ce n'est pas d'inventer des organisations de la société, c'est de les imposer via la loi et l'État ; Peu de confiance de Bastiat dans les arrangements artificiels de la société ; Ne prétendons pas changer l'humanité.

CRÉDIT AGRICOLE — L'agriculture manque de capital ; Le protectionnisme, grand adversaire du crédit à l'agriculture ; Il est inutile de l'établir par la loi.

CYCLES ÉCONOMIQUES — À une première phase d'abondance anormale des capitaux succède un resserrement du crédit et une crise.

DE LA LIBERTÉ DU TRAVAIL (LIVRE DE CHARLES DUNOYER) — Les qualités de ce livre.

DÉMOCRATIE — Ses avantages ; En quoi Bastiat est un démocrate ; Attitude de Bastiat sur les élections ; Effets de la démocratie en Suisse ; Sous le règne des idées socialistes, la machine électorale sera utilisée pour piller.

DÉPENSES PUBLIQUES — L'argent public peut être bien ou mal employé ; Ce que l'État dépense est dépensé en moins par les contribuables ; Il va falloir réduire les dépenses publiques ; Pourquoi il est difficile de faire des économies ; Pourquoi y a-t-il un déficit permanent ; Un État fondé sur des principes de liberté ne sera pas dépensier.

DIFFUSION DES IDÉES — Il faut convaincre d'abord les élites.

DOUANES — Bastiat ne les combat pas, il combat la protection ; Ce n'est pas le pire moyen de lever l'impôt ; Ce que Bastiat critique dans la douane.

DUNOYER, CHARLES — Son importance pour Bastiat.

ÉCHANGE — L'échange, c'est la société ; L'échange est toujours un troc ; Tout échange qui a lieu est bon ; Pour qu'il soit équitable, il faut qu'il soit libre ; Service contre service : c'est la base de l'économie politique.

ÉCONOMIE POLITIQUE — Cette science est fondée sur des axiomes ; Son champ d'étude ; Cette science progresse à l'infini ; Son utilité ; L'économie n'est pas une science que le peuple peut négliger ; La France a besoin de cette science ; Elle est peu connue en France ; Il faudrait l'enseigner en France ; Conséquence d'une ignorance de l'économie politique ; Le rôle de la science économique est de décrire, non de prescrire ; Pauvreté des critiques qui la repoussent.

ÉCONOMISTES — Les premiers économistes ont été critiqués ; De quoi on accuse les économistes ; Différence entre un bon et un mauvais économiste ; Différence entre les économistes et leurs adversaires ; Ce que réclame l'école économiste ;

ÉDUCATION — L'enseignement n'a fait aucun progrès depuis des siècles ; Le monopole de l'enseignement est la cause de son état lamentable ; Danger de faire de l'éducation un moule ; L'infaillibilité n'étant pas de ce monde, la liberté vaut mieux, dans l'éducation comme pour le reste ; L'école publique est faite de savoirs inutiles et funestes ; Défauts de l'organisation de l'éducation en France ; L'éducation n'est pas libre ; Bastiat, dans sa lutte contre le classicisme dans l'université, veut la liberté ; Il faut laisser la liberté d'enseigner ; Effets de la liberté de l'éducation.

ÉPARGNE — Sa définition ; Critique des institutions qui freinent la prévoyance.

ESCLAVAGE — Le travail libre lui est supérieur.

ÉTAT — Utilité d'une définition ; Définition proposée par Bastiat ; C'est le peuple qui le fait vivre ; C'est une grande erreur de s'en remettre à l'État à chaque fois qu'une difficulté se présente ; Danger du système où l'État dicte la marche ; Il agit toujours par la force ; Deux systèmes politiques s'opposent : celui de l'État omnipotent et celui de l'État minimal ; L'État, par ses lois, ne peut rien produire, ne peut pas augmenter la production ; Quand l'État intervient, il n'y a plus ni association ni volonté ; En cherchant à faire ce qu'il est incapable de faire, il fait naitre la déception et provoque des révolutions ; Son intervention permanente trouble toute activité économique ; L'intervention de l'État perturbe le signal des prix ; Bastiat ne repousse pas son intervention en toutes choses ; L'État doit protéger la liberté et la propriété ; Les attributions de l'État ; Langage qu'il devrait tenir ; Un État limité à ses fonctions est fort, non faible ; Nécessité de redéfinir le champ d'action de l'État et de privatiser des services publics ; Conditions pour que les fonctions régaliennes deviennent inutiles.

ÉTATS-UNIS — Le peuple américain est un exemple ; Les droits naturels y sont respectés ; La loi y reste dans son rôle ; Beauté de la politique étrangère américaine.

FEMMES — Les femmes ont souvent du bon sens économique.

FONCTIONNAIRES — Pourquoi certains cherchent les fonctions publiques ; Ils ne sont ni des demi-dieux, ni des improductifs absolus ; De par leur nombre, les fonctionnaires provoquent des révolutions à répétition ; Tout ce qui devient à leur charge ne progresse plus ; Plus il y en a, plus la liberté est compromise ; Les postes publics inutiles sont extrêmement nuisibles ; Il y en a trop ; Le fonctionnarisme, conséquence du socialisme ; Un libéral n'a pas de raison d'être l'ennemi invétéré des fonctionnaires.

FRANCE — La France est trop gouvernée ; Le peuple français se croit incroyable.

FRANKLIN, BENJAMIN — Sur son livre *la Science du Bonhomme Richard.*

GRATUITÉ — Ce que gratuit signifie.

GUERRE — C'est le pire des maux ; L'économie politique prouve que toute guerre est néfaste au peuple ; Les guerres viennent toujours de conflits de pouvoir ; Inutilité de la guerre pour forcer un peuple à se conformer à nos idées ; Tempérament belliciste des journalistes.

HARMONIE — Solidarité d'intérêt des individus, des nations et des industries ; Harmonie des intérêts entre les nations ; Les lois sociales sont harmoniques ; Conséquence du fait que les intérêts sont harmoniques ; Harmonie des intérêts et ses effets ; Les ouvriers gagnent de plus en plus, signe que l'harmonie règne dans le monde social ; C'est une vérité prouvée dès le début par les économistes ; La liberté est le principe harmonique ; Le marché produit de lui-même l'harmonie ; Elle est la différence entre socialistes et économistes ; Les socialistes veulent aussi l'harmonie, mais ils la cherchent dans l'organisation ; Pourquoi les économistes parviennent à l'observer.

HARMONIES ÉCONOMIQUES (LIVRE) — Intention de l'auteur avec ce livre ; Son thème central ; Il fut écrit à la va-vite ; Difficulté de prouver sa thèse ; Peu de succès du livre.

IMPÉRIALISME — Un peuple qui cherche la suprématie à l'extérieur se ruinera ; Critique de l'intervention militaire à l'étranger et du *nation-bulding* ; Nous avons tort d'imposer des choses par la force à d'autres peuples.

IMPORTATIONS — Ce qu'a besoin une nation, c'est d'importer beaucoup ; Peu importe si l'étranger nous « inonde » de produits.

IMPÔTS — Ils sont payés sous la contrainte ; Ils sont toujours mis sur le peuple ; Plus d'État signifie plus d'impôts sur les masses ; L'effet des impôts ; Seuls les impôts légers sont faciles à repartir ; Quel impôt est le meilleur ; En eux-mêmes, les impôts ne sont toujours un mal ; Ce que sont les mauvais impôts ; Au-delà d'un certain niveau d'imposition, augmenter les impôts provoque une baisse des recettes ; Avantages que présentent les impôts indirects pour la recette ; L'impôt proportionnel est juste ; Défaut des principes du système fiscal de la France ; Ils sont lourds sur les objets de consommation courante ; Les impôts provisoires finissent toujours par être définitifs ; On ne peut pas réclamer beaucoup de l'État, et croire qu'il suffira de taxer les riches ; Conséquence de l'excès d'impôts ; La liberté n'existe plus quand le peuple est surtaxé ; Diminuer les impôts est la première exigence ; La seule solution pour baisser les impôts est de baisser les dépenses ; Le fisc prospère de la prospérité des contribuables ; Les citoyens devraient savoir ce qu'ils paient pour quels services.

INCOMPATIBILITÉS PARLEMENTAIRES — L'intérêt des élus est d'augmenter leur pouvoir.

INDUSTRIE — Elle a besoin de stabilité et souffre de l'instabilité législative ; Différence entre la lutte industrielle et la lutte militaire.

INÉGALITÉS — L'économie de marché provoque l'égalisation des conditions ; L'inégalité désolante est causée non par la liberté, mais par la spoliation.

INITIATIVE INDIVIDUELLE — Elle disparaît quand l'État intervient trop ; Il est plus sage de laisser chacun décider pour lui-même ; Le moteur est dans les individus ; Les arrangements volontaires sont supérieurs à l'organisation forcée ; Ne pas demander à l'État, ce n'est pas ne pas vouloir de quelque chose, mais c'est préférer l'initiative individuelle en la matière.

INTÉRÊT DE L'ARGENT — Heureusement que la mentalité de l'Église sur la question ne s'est pas imposée ; Sa légitimité ; Heureusement qu'il est légitime.

INTÉRÊT PERSONNEL — C'est un élément naturel et indestructible ; Le sentiment de l'intérêt personnel est la source des progrès ; Les intérêts personnels ne sont pas antagoniques ; Chacun, travaillant pour soi, travaille pour tous ; L'axiome chacun pour soi.

INTERVENTIONNISME MILITAIRE — L'État devrait prononcer sa non-intervention étrangère et dire ; Bastiat opposé à l'intervention militaire à l'étranger.

JACQUES BONHOMME (JOURNAL) — Il fut créé pour éclairer les masses.

JOURNAL DES ÉCONOMISTES — Déceptions de Bastiat à son endroit.

JOURNALISME — Il trompe le public ; La presse de province suit aveuglément la presse parisienne.

JUSTICE — Définition ; Elle est ce qu'il faut dans la loi ; Elle forme le fond du programme politique de Bastiat ; La liberté, c'est la justice ; C'est la seule chose qu'on a le droit d'imposer par la force.

LAISSER FAIRE — Ce que veut dire cette formule ; C'est le principe des économistes ; Ce qu'il est et ce qu'il n'est pas ; Un environnement de laissez-faire est propice à l'énergie individuelle ; Le laissez-faire s'imposera.

LÉGITIME DÉFENSE — Il faut garantir ce droit.

LIBERTÉ — Sa définition ; Dieu a crée l'homme libre et sensible ; Dans toutes les questions, la solution que préconise Bastiat est la liberté ; En France, on n'aime pas la liberté ; Nécessité de lutter contre les préjugés pour l'introduire en France ; Bastiat est libéral parce que la liberté est bonne et efficace ; Bien la connaitre permet de ne pas sombrer face aux sophismes protectionnistes ; C'est la donnée centrale de tous les débats ; C'est un bien qu'il faut donner à tous ; La doctrine de la liberté a tout pour plaire à tous ; Elle est incompatible avec de lourds impôts ; Liberté et contrainte sont inconciliables ; Elle est mise à mal par l'intervention excessive de l'État ; Il y a des pays où l'homme n'est libre de rien ; Il est temps de l'essayer ; Il faut la conserver, sans quoi tout disparait ; Il faut la fixer comme principe de la politique intérieure ; Il faut laisser libre car les hommes sont capables de se diriger ; L'homme devrait être maitre et responsable de lui-même ; Le libre arbitre implique l'erreur ; Les différentes libertés qu'il faudrait obtenir ; Il faut toujours supposer en faveur de la liberté ; Il n'y a pas de milieu entre liberté et non-liberté ; Pourquoi elle n'a pas de défenseur ; Besoin de savoir utiliser les institutions libérales.

LIBERTÉ D'ASSOCIATION — Vote de Bastiat sur la suppression des clubs.

LIBRE-ÉCHANGE — La question de la liberté du commerce est centrale ; La liberté des échanges doit se réclamer comme un droit de l'homme ; La liberté d'échanger est un droit primordial pour l'ouvrier ; La liberté des échanges, c'est surtout plus de bien-être pour les malheureux ; La thèse du libre-échange est inaudible en France ; Bastiat est surtout libre-échangiste en raison de préoccupations morales ; Il n'est pas la solution de tous les maux ; La défense du libre-échange est par nature internationaliste ; Les pays pauvres ont le plus à gagner au libre-échange ; Si l'étranger paie moins d'impôts que nous, c'est une raison de plus d'ouvrir en grand nos frontières ; Une transition n'est pas nécessaire avant d'établir le libre-échange ; C'est l'opinion publique qui le fera triompher ; C'est le meilleur préservatif contre la guerre ; Importance de l'argument de la paix dans la défense du libre-échange ; Le libre-échange est plus efficace que la protection ; Importance de savoir reconnaitre les effets du libre-échange et du protectionnisme ; Effets de la libre-exportation.

LIGUE ANGLAISE POUR LE LIBRE-ÉCHANGE — Elle est un exemple à suivre pour la France ; Elle offre un exemple à suivre, mais pas aveuglément ; Elle a répudié l'esprit de parti ; Raison de son succès ; Elle réclame l'abolition immédiate et complète de la protection ; Pourquoi elle s'est concentrée sur la question céréalière.

LIGUE FRANÇAISE POUR LE LIBRE-ÉCHANGE — Elle a vocation à défendre un principe, non à proposer une réforme précise ; Elle n'est pas opposée aux droits de douane ; Elle ne doit jamais transiger ; La difficulté pour l'établir une viendra pas de la difficulté de trouver la bonne personne pour diriger ; Son premier acte doit être de fonder un journal.

LIVRES — La qualité des livres qui se vendent dépend des lecteurs.

LOI — Sa définition : organisation collective du droit de légitime défense ; Elle ne peut pas tout organiser ; Nécessité de faire que les lois soient respectées ; Les peuples les plus heureux sont ceux où la loi intervient le moins ; L'inflation législative désordonnée empêche d'entreprendre ; Aujourd'hui, elle est pervertie ; Elle est détournée par toutes les classes ; Elle est spoliatrice quand elle prend aux uns pour donner aux autres ; Les classes pauvres demandent à la loi d'intervenir pour eux comme elle est intervenue pour les industriels via le protectionnisme.

LOI CÉRÉALE (CORN-LAW) — Son ambition et ses effets.

LOIS ÉCONOMIQUES — Elles s'appliquent sur un individu ou sur une nation ; Si elles existent, il faut les étudier.

MACHINES — Les machines déplacent du travail mais procurent du bien.

MALTHUS, THOMAS — La critique faite de Malthus est honteuse.

MERCANTILISME — La nature de ses idées et ses effets dans l'histoire.

MÉTHODOLOGIE — Utilité de recourir aux robinsonnades ; Le non usage par Bastiat des mathématiques.

MONNAIE — La quantité de numéraire a peu d'importance ; Conséquences de la dévaluation monétaire.

MONOPOLE — Il est inefficace ; Préférence de Bastiat pour la critique morale des monopoles.

MORALE — Aucune activité économique n'est immorale, seuls les désirs le sont ; La morale et les lois ; Il ne faut pas considérer comme crime des actions innocentes ; Même si une pratique est mauvaise, cela ne suffit pas pour le faire intervenir ; Influence des méthodes de production sur les mœurs.

NATIONS — Contre les jalousies nationales.

NATURE — Le concourt de la nature dans la valeur des produits est gratuit ; C'est par le travail que les ressources naturelles acquièrent une valeur.

OPINION — Sa force ; L'objectif doit être de changer l'opinion publique ; Tout dépend d'elle pour savoir si les Français seront libres.

OUVRIERS — Ce qu'il leur faut : la paix, la liberté, la sécurité ; La classe ouvrière est la plus intéressée à la libre concurrence ; La part perçue par les capitalistes baisse, celle des travailleurs hausse ; La classe ouvrière n'a cependant pas le monopole des vertus.

PAIX — Pourquoi la liberté des échanges favorise la paix ; Afin d'établir la paix, il faut vaincre la fausse idée que les intérêts des nations sont antagoniques ; Il faut des contacts entre les peuples plutôt qu'entre les gouvernements ; Si la France n'attaque aucun pays, on ne l'attaquera pas.

PARIS — Le provincial Bastiat n'y est pas à l'aise.

POLITIQUE — Il y a trop de grands hommes dans le monde ; La politique détruit les richesses, contrairement au travail ; Bastiat n'a pas obtenu de responsabilités politiques ; La difficulté de convaincre en politique ; Influence néfaste de l'esprit de parti.

POLITIQUE ÉTRANGÈRE — Principes sur la politique étrangère ; Ce que le gouvernement devrait soutenir en matière de politique étrangère.

POSTE — Les Français devraient avoir le droit de faire du commerce des lettres postales.

PRÊT À INTÉRÊT — Il doit être libre plutôt que gratuit.

PRINCIPES — Ils sont repoussés spontanément par les hommes de son époque ; Il ne faut pas avoir honte d'avoir des principes arrêtés ; Il vaut toujours mieux être pleinement attaché aux principes que se complaire dans la « modération » ; Bastiat, attaché fermement au principe de la liberté ; Ils sont la force d'une association pour la liberté des échanges ; Les grands principes de Frédéric Bastiat.

PRIVILÈGES — Certaines professions en ont ; Le peuple veut être lui aussi un privilégié, mais c'est impossible.

PRIX — Il y a deux types de cherté et deux types de bon marché ; La richesse n'est pas fonction du niveau des prix ; Le progrès fait baisser les prix.

PROGRAMME POLITIQUE — Le programme politique de Bastiat ; Les quatre réformes principales selon Bastiat.

PROPRIÉTÉ — Origines naturelles de la propriété ; Elle est antérieure à la loi ; La formule : la propriété c'est le vol, est absurde ; La propriété, c'est la liberté ; Bastiat veut faire aimer la propriété ; Limites qui existent contre la propriété.

PROPRIÉTÉ INTELLECTUELLE — Peu de certitudes de Bastiat sur ce sujet ; Absurdité de la législation sur la question ; Bastiat, partisan de la propriété littéraire.

PROTECTIONNISME — Sa définition selon Bastiat ; C'est une forme de spoliation ; La prohibition du commerce, c'est du communisme ; Le protectionnisme est une tyrannie ; Le protectionnisme est une cause de guerre ; Il déçoit même ceux qu'il prétend favoriser ; L'objectif et le résultat du protectionnisme est d'organiser la cherté ; Il est cause de disette ; Il est la cause de la pauvreté des masses ; Sa raison d'être est de mettre des barrières au bon-marché ; Selon les cas, il est inutile ou nuisible ; S'il était avantageux au niveau des nations, il le serait au niveau des départements ; Le système protectionniste favorise les entreprises déficitaires ; Contradiction des volontés des protectionnistes ; Il se fonde sur des vérités incomplètes ; La formule de J.-B Say, « les produits s'échangent contre des produits », détruit les arguments protectionnistes ; Le protectionnisme en Angleterre ; C'est pour garantir la justice que Bastiat en réclame la fin ; Peut-on le reformer sans transition ? ; Difficulté de la lutte antiprotectionniste ; Pourquoi les hommes sont attachés au protectionnisme ; Il faut protéger la prospérité plutôt que telle ou telle industrie.

REDISTRIBUTION DES RICHESSES — C'est du communisme ; C'est la chimère du jour ; Ces schémas sont oppressifs et gaspillent les richesses ; Cycle infernal de l'intervention de l'État dans les fortunes individuelles ; L'État ne peut pas servir à égaliser les richesses ; Les masses se spolient ; Prendre aux uns pour donner aux autres n'est pas la solution.

RELIGION — Bastiat sur le catholicisme ; La morale religieuse du christianisme plait à Bastiat ; La pureté de l'évangile fut cependant employée à faire le mal ; Croire en la liberté, c'est suivre Dieu ; La croyance en Dieu est au fond des Harmonies ; Dieu fait bien ce qu'il fait ; Il faut étudier le monde tel que Dieu l'a fait ; L'esclavage et la protection sont contraires à la religion ; À terme, il faudra séparer l'Église et l'État.

RESPONSABILITÉ INDIVIDUELLE — Les hommes ont le droit d'essayer et de se tromper ; Il faut s'en remettre au libre arbitre des hommes ; Il n'y a rien à mettre à la place ; La responsabilité individuelle est une condition d'une société libre ; Son importance chez l'homme ; Il faut la laisser jouer au maximum ; Les femmes peuvent aider à son développement ; Le problème des mesures socialistes est qu'elles l'attaquent.

RETRAITE — Une caisse de retraite, demande des ouvriers ; Une caisse de retraite doit être basée sur la liberté.

RICHESSE — Deux manières de l'acquérir ; Un pays est riche en fonction de l'abondance des marchandises ; Il fut un temps où elle était immorale ; elle ne l'est plus ; La richesse est une préoccupation normale pour l'économiste ; La création de richesse ne se fait jamais aux dépens d'autrui ; L'abondance de richesses est un bien et tout le monde la cherche ; C'est sur cette donnée qu'il faut juger du libre-échange et de la protection.

ROME ANTIQUE — Les Romains ne pouvaient pas comprendre la propriété et la liberté ; Ils détestaient le travail et vivaient de spoliation ; La société romaine est le pire exemple possible ; C'est une folie de tirer notre droit du droit romain.

SALAIRE — Il varie selon le niveau de richesse de la société dans laquelle on vit ; Incapacité du législateur à le faire augmenter par un salaire minimum, qui ne peut que provoquer du chômage ; Comment le faire hausser.

SAY, JEAN-BAPTISTE — Sentiment de Bastiat sur lui.

SÉCURITÉ — C'est le plus grand bien ; La sécurité serait mieux assurée dans une société libre ; La France n'a rien à craindre si elle est fidèle au libre-échange et à la non-intervention.

SERVICES PUBLICS — Ils ne sont pas tous mauvais ; S'ils sont utiles, ils sont justes ; Par nature, les services publics sont toutefois inefficaces ; Différence avec les services privés.

SISMONDI — Sa critique.

SOCIALISME — C'est la création d'institutions artificielles ; Pourquoi Bastiat s'oppose aux socialistes ; Les prémisses inacceptables des socialistes ; Inconséquence du socialisme démocratique ; Les réformateurs socialistes se prétendent les potiers ou architectes de société ; Les socialistes supposent toujours que le peuple est une pate ; Les socialistes veulent réformer en anéantissant l'individu ; Les socialistes ne veulent pas la liberté, ils veulent donc la non-liberté ; Les socialistes refusent le libre arbitre ; Pour organiser la société, il faudrait des anges omnipotents et omniscients ; Comment choisir entre tous les plans de réorganisation sociale ? ; Diffusion du socialisme en France ; Clergé et université, coupables de la montée de son développement ; La misère est la suite du socialisme ; Le socialisme ou communisme est impraticable ; Il ne peut pas pousser ses inconséquences jusqu'au bout.

SOLIDARITÉ — On a abusé de cette idée de fraternité ; Différence entre charité légale et charité forcée ; Décréter la solidarité par la loi, c'est l'anéantir ; Les mesures temporaires d'aide aux démunis sont justifiables ; leur systématisation ne l'est pas ; Vertus et dangers de l'aumône.

SOPHISME — Sa définition selon Bastiat ; Les sophismes ont une origine commune ; Les interventionnistes défendent des vérités incomplètes ; Les sophismes sont la cause des problèmes, car l'opinion dirige tout ; Le sophisme de Montaigne : le profit de l'un est le dommage de l'autre ; Le sophisme post hoc, ergo propter hoc (à la suite de cela, donc à cause de cela).

SPOLIATION — Définition selon Bastiat ; Elle peut être illégale (vol, etc.) ou légale (par l'État) ; Elle est la pire quand elle est faite par l'État ; Ses différentes formes ; Différence entre production et spoliation ; La spoliation, c'est l'inverse de l'échange libre ; Importance de la spoliation comme phénomène économique ; Les problèmes viennent de la spoliation et de l'oppression ; Même habillée du mot de fraternité, la spoliation reste la spoliation ; Bastiat conseille d'écrire son histoire ; Mauvaise individuellement, pourquoi apparait-elle bonne à l'état d'une nation ? ; Tout le monde veut se servir de l'État pour profiter de tout le monde ; Elle provoque des révolutions perpétuelles ; Via la loi, il y a pillage réciproque par l'impôt ; Entourée de beaux slogans, elle se développera dans le futur ; La solution : que personne ne spolie personne.

STATISTIQUES — Valeur des statistiques officielles ; Les chiffres ne sont pas une source d'information suffisante.

SUBVENTIONS — Pourquoi la subvention aux entreprises reste pratiquée ; Sont-elles une aide ?

SURPRODUCTION — La crise de surproduction est une absurdité.

SYNDICATS — Les coalitions ouvrières ne sont pas blâmables.

THÉORIE — La preuve de la valeur d'une théorie est dans les faits du monde entier.

THOMPSON, THOMAS PERRONET (MEMBRE DE LA LIGUE ANGLAISE) — Appréciation par Bastiat.

TRAITÉS DE COMMERCE — Pourquoi ils sont funestes ; Leur effet douteux sur la liberté des échanges ; Ils attisent les haines nationales.

TRAVAIL — Différence entre le travail et la guerre ; L'avis des économistes sur son organisation ; Rendre du travail superflu, c'est un progrès.

UTILITÉ — Définition selon Bastiat ; Il faut distinguer la valeur et l'utilité ; L'utilité est le fondement de la valeur des choses ;

VALEUR — Définition ; La valeur ne provient pas du travail ; Elle dépend du service rendu ; Valeur des services du banquier, du commerçant, etc. ; La valeur n'existe que dans la liberté.